REVUE POLITIQUE ET LITTÉRAIRE.

Monument de St. Yon.

MONUMENT DE SAINT-LEU

INAUGURATION DU MONUMENT

HISTORIQUE DE LA SOUSCRIPTION

LISTE DES SOUSCRIPTEURS

IMPRIMERIE D'ÉDOUARD PROUX ET Cie,

RUE NEUVE-DES-BONS-ENFANS, 3.

MONUMENT

DE

SAINT-LEU

INAUGURATION DU MONUMENT

HISTORIQUE DE LA SOUSCRIPTION

LISTE DES SOUSCRIPTEURS

Prix : 2 fr. — Par la Poste, 2 fr. 50 c.

Paris,

AU BUREAU DE LA MODE, RUE DU HELDER, 25.

Dans les Départemens,

AUX BUREAUX DE TOUTES LES GAZETTES DE PROVINCES.

—

1844

INAUGURATION

DU

MONUMENT DE SAINT-LEU.

———••◦•◦•——

La journée du jeudi 27 juin 1844 avait été marquée par la commission du monument de Saint-Leu pour l'inauguration de la croix funéraire élevée à la mémoire des Princes de la glorieuse maison de Condé sur l'emplacement même où fut trouvé PENDU le père du duc d'Enghien. Quoique le temps s'annonçât d'une manière peu favorable, un grand nombre de personnes quittaient de bonne heure Paris, Enghien, Chantilly et tous les villages et bourgs qui rayonnent autour de Saint-Leu, pour assister à cette cérémonie depuis long-temps attendue. Le village de Saint-Leu tout entier était sur pied avant le lever du soleil, pour terminer les préparatifs de cette fête funèbre qui excitait, dans toutes ces localités, un intérêt universel, tant est profond le souvenir des bienfaits de la maison de Condé et de l'inépuisable charité de M. le duc de Bourbon. La pluie qui commença bientôt à tomber par torrens n'arrêta pas l'empressement de ceux qui accouraient de tous côtés au rendez-vous donné à la religion, à l'honneur, au courage, à la reconnaissance, à la fidélité.

A dix heures et demie, Saint-Leu, ordinairement silencieux et désert offrait l'aspect des rues les plus animées de Paris, tant le concours était grand. On voyait à chaque instant des diligences et des carrosses traverser la grande rue en apportant de nouveaux visiteurs, anciens condéens, militaires, vendéens, députés, écrivains, magistrats. Les habitans du village

1

et ceux des villages voisins avaient abandonné, pour assister à la cérémonie, leurs travaux accoutumés.

A onze heures, les membres de la commission présens à Paris ou dans les environs, étaient réunis chez le curé de Saint-Leu où se trouvaient aussi M. le curé de Montmorency désigné par monseigneur l'évêque de Versailles pour inaugurer la croix des Condés, tous les curés des paroisses environnantes, M. Fauginet, statuaire, ainsi que MM. le maire, l'adjoint et les membres du conseil municipal de Saint-Leu, et l'officier de gendarmerie; car toutes les autorités de la ville avaient demandé avec une honorable émulation à assister à cette solennité, et la garde nationale était venue offrir d'elle-même de prendre spontanément les armes pour honorer la mémoire du prince qui avait été le bienfaiteur de la commune, et de cette race héroïque dont le souvenir vivra tant que la victoire sera populaire en France.

Ce fut là qu'on apprit avec un sentiment d'une profonde tristesse que le général Victor de Latour-Maubourg, qui devait présider à la cérémonie, avait été obligé de renoncer à y assister. L'ancien gouverneur des Invalides, ce vivant trophée sillonné par les blessures ennemies, n'avait pu être arrêté par ses propres souffrances. Le glorieux mutilé des guerres de l'empire serait accouru, coûte que coûte, pour accomplir ce qu'il regardait comme un devoir; car c'était, disait-il, couronner sa carrière militaire que de venir honorer la mémoire de cette grande race des Condés qui a tout à la fois défendu et immortalisé la France par ses victoires. La santé de madame de Latour-Maubourg, gravement compromise, avait pu seule arrêter l'illustre général qui ne s'était avoué que la veille même de la cérémonie l'impossibilité où il serait d'y assister.

A onze heures et demie, le clergé, la commission, les personnes réunies chez M. le curé de Saint-Leu et les autorités municipales et militaires se rendaient à l'église afin d'entendre la messe des morts. L'église était tendue de noir dans toute sa longueur. Les messes qui se succédaient sans interruption depuis sept heures du matin, avaient toutes été dites pour le repos de l'âme des princes de la maison de Condé. Au milieu du chœur s'élevait un catafalque entouré de cierges et sur lequel on voyait l'écusson fleurdelisé des Condés. Sur les tentures, les noms de VINCENNES et de SAINT-LEU, joints aux grands noms de Rocroy, de Fribourg et de Lens rappelaient les souvenirs qui attiraient dans cette enceinte consacrée cette foule recueillie.

La commission prit place dans le chœur. Elle était représentée par M. le lieutenant-général vicomte de Saint-Priest, duc d'Almazan, ancien ambassadeur; M. le général marquis d'Espinay Saint-Luc, ancien officier de l'armée de Condé ; M. le marquis de Pastoret ; M. le baron de Larcy, député ; M. le vicomte de Baulny ; M. Laurentie ; M. le comte de Mac Carthy ; M. Le Caron ; M. Adolphe Sala, ancien officier de la garde ; M. le vicomte Joseph Walsh ; M. Alfred Nettement ; M. le vicomte Édouard Walsh. Plusieurs membres de la commission s'étaient fait excuser pour cause d'absence ou de maladie, entr'autres M. le général Berthier, ancien aide-de-camp du prince ; M. le général baron de Charette ; M. le général de Cadoudal ; M. le vicomte de Conny ; M. le comte de Choulot ; M. Mandaroux Vertamy ; M. le marquis de Villette. Un autre membre de la commission, le loyal et brave Charbonnier de la Guesnerie, se trouvait absent, grâce à l'ordre récent d'arrestation qui a fermé, encore une fois, sur ce royaliste habitué à souffrir pour ses opinions, les portes de la Conciergerie.

La maison du prince était représentée par M. le comte de la Villegontier, pair de France, premier gentilhomme d'honneur de S. A. R. monseigneur le duc DE BOURBON, PRINCE DE CONDÉ, et par M. Pélier de Lacroix, premier aumônier du prince, le même qui, le jour de ses funérailles, revêtu de ses habits sacerdotaux, entre le cercueil et les saints tabernacles, leva les mains au ciel, en proclamant que « le dernier des » Condés n'était pas responsable de sa mort devant Dieu. »

On remarquait dans l'assistance M. le duc de Valmy, député ; M. le général comte de Montgardé, ancien condéen ; M. le général vicomte Donnadieu ; M. le comte de Semallé ; M. le vicomte de Caze de Villeneuve-l'Étang ; M. le comte de Locmaria ; M. le marquis de Rougé ; M. le comte de Truguet ; M. le comte de Chamoy ; M. le comte de Barjon ; M. le marquis de Caux ; M. de Brissac ; M. le comte de Gasville ; M. le comte de Bérard ; M. de Rouvroy ; M. de Belleval ; M. Branche de Flavigny ; M. de Jailly ; M. Théodore Muret ; M. Johannet ; M. Alfred des Essarts ; M. Leo de La Borde ; M. le colonel Buirette de Verrière ; M. le comte de Guiry ; M. le vicomte d'Aramon ; M. de Laubepin ; M. Olivier Walsh ; M. Henri Le Caron ; M. de Chavaudon, etc., etc. Les souscripteurs de Chantilly avaient envoyé une députation spéciale, pour mieux marquer leur vive et respectueuse sympathie pour la mémoire du dernier membre de cette grande maison de Condé dont les splendeurs rayonnaient autrefois dans leur ville.

Ainsi se trouvaient réunis dans une même pensée de regret, d'hommage et de royalisme, de vieux compagnons d'armes du prince de Condé, du duc de Bourbon et du duc d'Enghien, d'anciens serviteurs des illustres seigneurs de Chantilly, des fils et des filles de condéens, puis beaucoup de ces hommes de cœur, avides à saisir l'occasion de protester contre l'ingratitude et l'oubli, gens d'énergie qui ne veulent pas qu'on les puisse croire ralliés aux faits accomplis et qui s'empressent d'accourir partout où il y a un hommage à rendre aux augustes absens et aux augustes morts.

Un bon nombre d'autres personnes, accourues de Paris et au milieu desquelles on distinguait plusieurs femmes royalistes qui représentaient noblement leur sexe qui ne manque jamais à l'appel quand il s'agit d'honorer la gloire et le malheur, étaient confondues avec les habitans de Saint-Leu et des villages voisins, et cette assistance où toutes les classes se trouvaient personnifiées, offrait une image des sympathies universelles qu'excite le grand nom de Condé dans le pays. Pendant la messe basse qui a été suivie d'une absoute solennelle, madame la marquise de Villette, conduite par M. le comte de Mac Carthy, a quêté pour les pauvres de Saint-Leu, et cette quête fructueuse rappellera aux familles indigentes de la commune les inépuisables charités du prince de Condé dont la main s'ouvrait toujours pour donner, et dont la mémoire même devient pour eux une source de soulagemens et de secours. Au produit de cette collecte, qui a été très fructueuse, la commission a joint la somme de cinq cents francs. Ainsi, pendant que des prières montaient avec l'encens vers le Dieu des vivans et des morts, les secours de la charité allaient descendre dans de pauvres familles. Piété et Charité sont deux filles du ciel qui aiment à marcher ensemble.

Quand l'absoute a été terminée, chacun est venu rendre un dernier hommage à l'ancien seigneur, au meilleur bienfaiteur du pays. De vieux compagnons d'armes du prince de Condé, du duc de Bourbon et du jeune duc d'Enghien, se sont levés, et ont tour à tour jeté l'eau bénite sur le drap mortuaire étendu sur la mémoire de trois générations héroïques. De nobles serviteurs attachés de père en fils aux très illustres, très puissans et très excellens seigneurs de Saint-Leu, d'Ecouen et de Chantilly, étaient mêlés aux hommes à têtes blanchies qui avaient guerroyé sous le drapeau des lis avec l'aïeul, le fils et le petit-fils ; puis se sont succédés les membres de la commission, les personnes invitées, les autorités du pays, et tout ce qui remplissait l'église, et qui, pendant toute la durée de l'office divin, était resté dans le plus profond recueillement ; recueillement de souvenirs et de regrets, silencieux hommage rendu à la bienfaisance d'un prince que tout le pays aimait.

A l'issue de la messe, le clergé, la croix et les bannières en tête, la commission, les autorités, la garde nationale de Saint-Leu, la gendarmerie et tous les assistans marchant à flots pressés, se sont dirigés vers la rue des Vandales, au bout de laquelle est située la croix funéraire. C'était un beau spectacle que celui de cette foule s'avançant lentement vers le lieu de la cérémonie ! A mesure que les bannières et que la croix avan-

çaient, les fronts se découvraient et les têtes s'inclinaient. Le tonnerre,
dont les sourds roulemens n'avaient point cessé depuis le matin, annon-
çait un orage qui a éclaté, quand on s'est trouvé à peu de distance du
monument. La cérémonie n'a cependant pas été troublée. On a continué
à marcher religieusement vers la croix de Saint-Leu qui s'élève, comme
une pensée de prière, de douleur et de foi, sur ces lieux témoins de la
scène de mort dont on avait cru effacer pour jamais le souvenir, en dé-
truisant le château qui la cacha à l'ombre de ses murs. L'admiration pour
ce beau monument a été générale, et tout le monde a trouvé que l'artiste
avait complètement répondu à l'attente publique.

Qu'on se représente une croix de 42 pieds de hauteur, dont toute l'or-
nementation est exécutée en marbre blanc, et dont le fût en marbre de
Nemours sort d'un piédestal de pierre dure présentant la forme d'un qua-
drilatère composé de marches qui conduisent au monument. Sur la fa-
çade, deux noms qui en disent la destination : VINCENNES ET SAINT-LEU ;
Au dessus de ces noms de deuil, des noms de victoires : ROCROY, FRIBOURG,
LENS, NORLINGUEN, SENEF. Des deux côtés du monument, deux anges,
l'un représentant les commencemens de la maison de Condé, l'autre son
déclin, figures remarquables et qui font le plus grand honneur au ciseau
de M. Fauginet.

Le premier de ces anges a l'épée haute, les yeux levés au ciel ; il tient
l'écusson des Condés découvert, et ses ailes sont déployées ; il rêve la
gloire, en prenant un essor vers un illustre avenir. L'autre, la tête baissée,
tient l'écusson des Condés couvert d'un voile de deuil ; sa main laisse
échapper la grande épée de Rocroy et de Lens, et ses ailes reployées an-
noncent que la course de cette héroïque maison sur la terre est finie, et
qu'elle n'a plus qu'un passé. Sur les bas-côtés du monument, dont chaque angle est surmonté d'un casque à la visière baissée, on lit les inscrip-
tions suivantes :

LOUIS-HENRI-JOSEPH, DUC DE BOURBON, PRINCE DE CONDÉ, né à Paris
le XIII avril MDCCLVI, mort à Saint-Leu le XXVII août MDCCCXXX.

LOUIS-ANTOINE-HENRI DE BOURBON, DUC D'ENGHIEN, né à Chantilly le
II août MDCCLXXII, mort au Château de Vincennes le XXI mars
MDCCCIV.

LOUIS Ier DE BOURBON, PRINCE DE CONDÉ, né à Vendôme le VII mai
MDXXX, mort à Jarnac le XV mars MDLXIX.

HENRI Ier DE BOURBON, PRINCE DE CONDÉ, né à la Ferté-sous-Jouarre
le XXIX décembre MDLII, mort à Saint-Jean-d'Angely le V mars
MDLXXXVIII.

HENRI II DE BOURBON, PRINCE DE CONDÉ, né à Saint-Jean-d'Angely le 1er septembre MDLXXXVIII, mort à Paris le XXVI décembre MDCXLVI.

LOUIS II DE BOURBON, PRINCE DE CONDÉ, né à Paris le VII septembre MDCXXI, mort à Fontainebleau le XI décembre MDCLXXXVI.

HENRI-JULES DE BOURBON, PRINCE DE CONDÉ, né à Paris le XXIX juillet MDCXLIII, mort à Paris le 1er avril MDCCIX.

LOUIS-JOSEPH DE BOURBON, PRINCE DE CONDÉ, né à Paris le IX août MDCCXXXVI, mort le XIII mai MDCCCXVIII.

A mesure que la foule, qui remplissait dans toute son étendue la rue des Vandales qui vient aboutir parallèlement au monument devant lequel elle passe, débouchait dans l'enclos funéraire ou gravissait les petites collines qui l'environnent, tous les assistans paraissaient frappés de l'élévation et de la beauté de la croix de Saint-Leu. Cependant, les chants de l'église retentissaient toujours, et une corbeille de lis s'épanouissant au pied du monument, semblait, par un symbolisme touchant, remplacer celle des deux branches de la race des Bourbons que la révolution a dépossédée de la couronne, mais qui n'a point perdu ses nobles armoiries, et qui, du fond de l'exil, a voulu contribuer à l'érection du monument de Saint-Leu.

Quel beau et touchant coup d'œil que celui qu'offrait la procession solennelle entrant dans l'enclos funéraire. La blanche bannière de la Vierge portée par des jeunes filles vêtues de blanc, la croix d'argent du clergé, la bannière rouge de la commune de Saint-Leu, faisant par deux fois le tour du monument, le clergé chantant les hymnes touchantes où la passion du Christ est célébrée, et tous venant s'agenouiller ensemble au pied de la croix monumentale, entourée d'une ceinture de cyprès dont chacun portait, mêlée à sa sombre verdure, une blanche touffe de lis; il y avait dans tous les détails de cette cérémonie un caractère expiatoire qui frappait vivement l'esprit et remplissait le cœur d'émotion.

Cette émotion est devenue bientôt plus vive encore. Les chants sacrés ayant cessé, M. le curé de Montmorency a prononcé une allocution touchante et pleine d'élévation, dans laquelle il a parlé avec une généreuse franchise du DUC DE BOURBON dont il a proclamé *l'innocence*, et avec une éloquence toute française, des grandeurs de cette maison de Condé dont il a rappelé les victoires à la reconnaissance publique. Voici cette allocution où toute justice est rendue à chacun, avec une dignité, une convenance, une mesure qu'on ne saurait trop louer et qui ont fait l'objet de l'admiration générale :

« MESSIEURS,

» Le grand, le pieux Judas Machabée proclamait, au milieu de ses compagnons d'armes, que c'était une pensée salutaire de prier pour les morts. Dans cette intention si consolante, dans ce sentiment si religieux qui unit de cœur et d'âme ceux qui ne sont plus avec ceux qui, de cette vallée de luttes, ne sont pas encore entrés dans l'éternité ; qui établit entre eux une communauté de biens et de prières, ce guerrier se faisait un devoir d'envoyer aux prêtres du Dieu des armées des dons pour offrir des sacrifices en faveur des soldats morts pour leur Dieu et pour sa loi.

» Il s'est trouvé un homme, dont la devise est depuis long-temps : « Fais ce que tu dois, advienne que pourra... » qui a regardé comme un devoir la pensée salutaire de prier pour les morts ; qui a voulu immortaliser cette pensée par un monument mis sous la protection de cette croix qui a vaincu le monde : alors il s'est recueilli, et le fruit de ses réflexions a été la résolution de faire un appel, dans le but d'honorer le malheur lui-même. Son appel a été entendu ; et des âmes chrétiennes, à l'exemple de Judas Machabée, ce héros qui s'acquit, par ses combats, par ses triomphes, une gloire telle, qu'on lui a comparé, depuis sa mort, les guerriers valeureux qui se sont rendus dignes de la double couronne de la bravoure et de la vertu ; à l'exemple de ce héros qui, en tombant à un âge où il pouvait encore défendre la cause de son Dieu et les droits de son peuple opprimé, a tracé d'une main sûre la route de l'honneur et de la religion ; des âmes chrétiennes, à son exemple, ont réuni leurs offrandes pour élever un monument à une famille illustre par ses services rendus à sa patrie, illustre par la gloire militaire dont elle s'est couverte sur les champs de bataille, illustre par ses infortunes, par une famille connue par ses bienfaits, par ses largesses, de vous tous, habitans de cette paroisse, de vous, habitans de Chantilly, qui n'avez pas voulu laisser passer ce grand jour, ce jour mémorable, sans venir rendre hommage au grand nom des Condés, à la victime immolée dans les fossés de Vincennes, à ce prince, avec lequel disparut cette race glorieuse qui vivra éternellement dans l'histoire, sans venir payer à la religion tout ce qu'elle réclame de votre foi, de votre gratitude, de votre piété.

» Oh ! je viens de le dire, c'est un grand jour, c'est un jour mémorable, un jour profondément gravé dans vos cœurs, le jour de la bénédiction solennelle de cette croix monumentale, de cette croix qui tantôt brille au dessus du diadème des rois, qui tantôt paraît sur le cœur des braves comme là digne récompense de leur vertu militaire qui toujours est placée sur la tombe des petits, comme sur le marbre qui décore celle des grands; de cette voix qui l'élève ici comme l'étendard de la gloire, se soutient de l'innocence persécutée, l'espérance du chrétien.

» Délégué par monseigneur l'Évêque de Versailles, je viens, avec l'assentiment de mon cher confrère, M. le curé de cette paroisse, faire cette cérémonie touchante, cette cérémonie religieuse, je viens vous dire que prier pour les morts est un devoir, un avantage.

» C'est un devoir que la reconnaissance et la charité nous prescrivent. Oui, c'est à nous qui sommes séparés de nos amis, de nos bienfaiteurs, c'est à nous de prier pour eux, de les soulager par nos aumônes, par nos bonnes œuvres, de vivre toujours avec eux par le souvenir de leur gloire ou de leur malheur, de faire passer ce souvenir à la postérité la plus reculée.

» C'est un avantage : en priant pour ceux que nous avons perdus, nous travaillons pour nous. Par nos prières nous ouvrons le séjour de la gloire éternelle à des amis, à des bienfaiteurs, qui penseront à nous, qui s'occuperont de nous, qui, devenus nos amis, nos bienfaiteurs auprès de Dieu, nous obtiendront par leurs prières le bonheur de régner un jour avec eux dans la céleste patrie.

» Voilà les quelques pensées que nous a inspirées ce monument pieux et chrétien. Oh! en terminant ces courtes paroles dictées par la religion, par le respect que nous devons avoir pour ceux qui nous ont précédés dans la voie, qui ont paru devant le juge des rois et des peuples, nous vous recommandons ce monument de la reconnaissance qui n'oublie pas, de la religion qui bénit la croix sur la tombe du pauvre, comme elle bénit la croix sur la tombe du riche, du puissant, du grand de la terre.

» Nous vous le recommandons, à vous, premier magistrat de cette commune, à vous, membres du conseil municipal, que nous sommes heureux de voir dans ce jour de piété, dans cette circonstance si précieuse à des cœurs chrétiens, à des cœurs qui s'honorent du culte de la reconnaissance.

» Nous vous le recommandons, à vous, les défenseurs de l'ordre, les défenseurs de la liberté et surtout de la liberté religieuse, la plus précieuse de toutes; vous regarderez, vous protégerez ce monument comme un trésor pour votre pays, comme l'œuvre inspirée, exécutée par la religion qui seule fonde et conserve tout ce qui fait l'honneur et la gloire d'un royaume.

» Nous vous le recommandons, à vous tous, habitans de cette paroisse. Vous viendrez verser des larmes là où s'est accompli le sinistre événement du 26 août; là vous viendrez prier pour le prince qui ne vécut au milieu de vous que pour se montrer votre consolateur, votre père. Aux pieds de cette croix, vous vous rappellerez les profondes impressions qui agitèrent vos cœurs quand retentit au milieu de vous cette nouvelle lamentable..... Le prince est mort!..... Ce souvenir donnera à votre présence et plus de foi et plus d'ardeur. Oh! en priant pour lui, vous prierez aussi pour son fils, son fils enlevé par une mort cruelle, que vous connaissez tous.

» Ainsi vous répondrez aux vœux, aux désirs, à la pensée des membres illustres de la commission qui a été chargée de faire ériger ce monument, de veiller à son exécution, de l'inaugurer, de le faire consacrer par les prières de l'église, de le faire bénir en présence de plusieurs de nos bien-aimés confrères, en présence de tant d'hommes célèbres par leurs services militaires, par leurs vertus civiles, par leurs talens oratoires, par leur fidélité à la foi de nos pères.

» Oh! au milieu de cette illustre assemblée, nous avons à regretter la présence de M. le général Victor de Latour-Maubourg, de ce guerrier dont la vie et les blessures publient bien plus haut que les paroles la gloire militaire et l'amour de la patrie.

» Nous avons aussi à regretter cet homme, l'une des gloires du barreau français par sa loyauté et par son éloquence, cet homme que la mort a enlevé trop tôt à ses nombreux amis qui l'auraient accueilli ici aujourd'hui avec tant de sympathie et d'affection.

» Ainsi sera accompli le devoir que la grande voix de la religion nous impose à tous, celui de prier pour les morts; car c'est là une pensée salutaire, une pensée obligatoire, une pensée utile à nous-mêmes. »

Quand ces paroles, précieusement recueillies dans le cœur de ceux qui les écoutaient, eurent cessé de retentir, la cérémonie de la bénédiction de la croix a commencé. Puis, à la suite de cette bénédiction, M. le vicomte Edouard Walsh, secrétaire de la commission, a donné lecture du procès-verbal de l'inauguration du monument de Saint-Leu, que nous reproduisons ici :

PROCÈS-VERBAL DE L'INAUGURATION.

L'an mil huit cent quarante-quatre, le vingt-septième jour du mois de juin (quatorzième année de la révolution de juillet 1830), la commission du monument de Saint-Leu, représentée par :

MM. le lieutenant-général vicomte de Saint-Priest, ancien ambassadeur ;

Le général marquis d'Espinay-Saint-Luc, ancien officier de l'armée de Condé ;

Le marquis de Pastoret ;

Le baron de Larcy, député ;

Le vicomte Joseph Walsh ;

Le vicomte de Baulny ;

De Laurentie ;

Le comte de Mac Carthy ;

Le Caron ;

Adolphe Sala, ancien officier de la garde ;

Alfred Nettement ;

Le vicomte Edouard Walsh ;

Et par Jean-Baptiste-Amable Thuillier, curé de Montmorency, ayant été désigné par monseigneur l'évêque de Versailles, pour la bénédiction de la Croix funéraire de Saint-Leu.

Il a été procédé à l'inauguration de ce monument.

C'est sur ce lieu même où s'élevait, il y a quatorze ans, la partie du château de Saint-Leu, contenant la chambre où monseigneur le PRINCE DE CONDÉ fut trouvé PENDU, le 26 août 1830, à l'espagnolette de sa chambre à coucher.

Ce terrain fut acheté par le vicomte Edouard-Joseph WALSH, le 31 décembre 1841, par acte passé en l'étude de Mᵉ Bonnaire, notaire à Paris. Ce fut de la prison de Sainte-Pélagie que M. Walsh fit un appel à toute la France, pour élever cette Croix funéraire destinée à perpétuer le souvenir des grandeurs et des infortunes de l'illustre maison de Condé.

La souscription, ouverte dans le journal LA MODE, le 25 novembre 1842, fut close le 25 février 1843.

M. Fauginet, statuaire, fut chargé, par la commission, d'élever ce monument et, le 21 juin 1844, M. le lieutenant-général marquis Victor de Latour-Maubourg ayant accepté la présidence, la commission, réunie chez

M. le marquis de Pastoret, entendit le rapport qui lui fut fait par M. le vicomte Edouard Walsh sur les travaux exécutés et, après avoir régularisé
toutes les dépenses, il fut décidé que l'inauguration du monument aurait
lieu aujourd'hui 27 juin 1844. C'est à cet effet que la commission s'est
rendue à Saint-Leu, assistée d'un grand nombre de souscripteurs, de M. le
curé de Saint-Leu (Pierre-Valentin Masson), de M. le maire et de toutes
les autorités de Saint-Leu.

Pour perpétuer le souvenir de cette œuvre française, royaliste et chrétienne, la commission a versé à la fabrique de l'église de la commune, une
somme de mille francs pour fonder, à perpétuité, trois messes annuelles :
1° le 21 mars, date anniversaire du jour où fut *fusillé*, dans les fossés de
Vincennes, l'infortuné duc d'Enghien ; 2° le 26 août, date anniversaire du
jour où fut *trouvé pendu* monseigneur le PRINCE DE CONDÉ, dans le château de Saint Leu ; 3° le 27 juin, date du jour anniversaire de la bénédiction du monument placé sous la protection de la commune de Saint-Leu.

L'office des morts ayant été célébré par M. le curé de Montmorency,
une somme de cinq cents francs a été distribuée aux pauvres, indépen-
damment du produit de la quête qui a été faite par madame la marquise
de Villette, femme du premier écuyer d'honneur de S. A. R. MONSEI-
GNEUR LE DUC DE BOURBON, PRINCE DE CONDÉ.

Puis il a été procédé à la bénédiction de la Croix funéraire.

En foi de quoi nous avons signé. (Ici suivent les noms de tous les membres de la commission plus haut nommés, de M. le comte de la Villegontier, de M. l'abbé Pelier de Lacroix, de M. le curé de Montmorency, de
M. le curé de Saint-Leu, de M. le maire de Saint-Leu, de tous les membres du clergé assistant à la cérémonie et d'un grand nombre de souscripteurs.)

Saint-Leu-Taverny, le vingt-sept juin 1844.

Ce procès-verbal écrit sur parchemin, en tête du registre où se trouvent
inscrits tous les noms des souscripteurs, après avoir été signé par les assistans, a été scellé dans une boîte de fer, a été déposé par M. le marquis
de Pastoret dans la voûte souterraine du monument. Un double de ce
procès-verbal et de la liste des souscripteurs, doit être, ainsi que les jour-
naux l'ont plusieurs fois annoncé, remis à HENRI DE FRANCE.

Que pourrions-nous ajouter maintenant, sinon que tous les cœurs étaient
émus et tous les esprits frappés des réflexions qui se présentaient naturel-
lement à la vue du spectacle qui se déroulait sous les yeux ? Ainsi, quatorze ans écoulés depuis le sinistre événement de Saint-Leu, une foule
d'hommes honorables appartenant à toutes les classes, à toutes les car-

rières, venaient, au milieu du concours empressé des populations, inaugurer la croix du Christ, sur ces lieux où s'élevait jadis le château où fut TROUVÉ MORT MONSEIGNEUR LE DUC DE BOURBON, et dont les ruines même avaient disparu, et la religion qui donne ses bénédictions au malheur et les refuse au crime, consacrait ces hommages solennels rendus au dernier des Condés, et cette admiration si bien méritée par la grande race qui a rempli l'univers de sa renommée. Des vieillards, des jeunes hommes, des femmes, des enfans, des habitans des villes, des habitans des campagnes, des députés, des représentans des plus illustres familles, des généraux de l'empire, des condéens, des vendéens, des publicistes, des membres du barreau, réunis tous ensemble dans une pensée toute française, mêlaient leurs vœux et leurs prières sur les marches du monument que la voix des prêtres consacrait à Dieu.

Tous rendaient un pieux hommage à la mémoire du duc de Bourbon et à la grandeur de cette race héroïque, et cet hommage était en même temps une protestation contre une étrange indifférence et d'inexplicables oublis. Ces simples particuliers venus pour honorer la maison de Condé, rappelaient que le dernier membre de cette maison avait légué une fortune de quatre-vingt-trois millions à une famille princière qui laissait remplir à d'autres une dette de reconnaissance qui semblait leur être imposée. Ces condéens et ces Vendéens, pleins de gratitude pour la bienveillante pensée qui avait dicté au dernier des Condés l'article de son testament où il léguait SON BEAU CHATEAU D'ECOUEN AVEC UNE SOMME DE CENT MILLE FRANCS DE RENTES, POUR Y FONDER UNE ÉCOLE, OU SERAIENT ÉLEVÉS DANS L'AMOUR DE DIEU, DU ROI ET DE LA FRANCE, LES FILS DES ANCIENS SOLDATS DE LA VENDÉE ET DE L'ARMÉE DE CONDÉ, legs déclaré nul et caduc comme immoral par le conseil d'Etat, et réuni avec le reste de la succession dans les mains du duc d'Aumale, faisaient souvenir que le filleul du duc de Bourbon n'avait pas cru devoir faire, en reconnaissance des quatre-vingt-trois millions dont il jouit, par la munificence du dernier des Condés, ce que faisaient ces Vendéens et ces condéens, en mémoire d'un legs de cent mille francs de rente qu'on leur a enlevé.

Le jour de la justice était donc enfin arrivé! La mémoire des Condés obtenait une satisfaction qui leur était due! Ce qui ajoutait à la solennité de cet hommage, c'est qu'il était libre et spontané. Ce n'était point par l'ordre, c'était seulement avec la permission de l'autorité supérieure que cette cérémonie s'accomplissait. De tous les brillans uniformes qu'on y aurait vus dans d'autres temps, ceux de la garde nationale étaient les seuls qu'on aperçût. Nous nous trompons cependant. Un ancien garde avait revêtu, pour la cérémonie, son vieil uniforme aux couleurs de la maison de

Condé, et il était là, debout sur les marches du monument, comme une image de la fidélité et de la reconnaissance populaires veillant auprès d'un tombeau.

La cérémonie s'est terminée avec le même recueillement qui avait marqué son commencement, et chacun s'est retiré en emportant au fond du cœur ce sentiment de consolation que donne une pieuse dette acquittée, un grand devoir rempli. La même observation se retrouvait sur les lèvres de tous les assistans, c'est que toute la France se trouvait représentée à l'inauguration de la croix élevée à la mémoire des Condé, excepté la famille des légataires et celle des héritiers.

HISTORIQUE DE LA SOUSCRIPTION

DU

MONUMENT DE SAINT-LEU.

L'historique de la souscription à l'aide de laquelle le monument de Saint-Leu a été élevé est le complément naturel des détails qu'on vient de lire sur l'inauguration de ce monument. Avant donc de donner les trois documens qui, avec les détails sur la fête funèbre du 23 juin et le procès-verbal de la cérémonie, forment la collection des pièces authentique et fondamentale de l'œuvre de Saint-Leu, c'est à dire *l'Appel à la France* par le vicomte Edouard Walsh, le *Tableau des Grandeurs de la maison de Condé* qui motiva cet appel, et la liste des noms des souscripteurs qui y ont répondu, faisons en quelques mots l'histoire de cette sous-cription dont le résultat prouve que les royalistes sont toujours prêts à payer les dettes de la France, et que le culte des grands noms et des grandes choses est toujours vivant dans ce pays.

On sait dans quel abandon et dans quel oubli la mémoire des Condés était laissée par ceux qui avaient hérité de leurs biens immenses. Pas un monument, pas une borne tumulaire, pas une simple croix de bois sur les lieux sinistres où cette glorieuse race s'était éteinte. Chose étrange ! la femme qui avait joué un si triste rôle dans la ténébreuse affaire de cette succession, s'était hâtée de livrer le château de Saint-Leu à la bande noire. Il ne lui avait pas suffi de faire murer la croisée, à l'espagnolette de laquelle l'auguste vieillard avait été trouvé suspendu ; on eût dit qu'elle ne devait être tranquille que lorsqu'il ne resterait plus pierre sur pierre de l'édifice, comme si elle pouvait anéantir sous ses ruines le souvenir de la scène dont il avait été témoin, et ôter la parole à ces murailles et à ces voûtes qui, lorsque l'illustre Hennequin parlait, dans un procès mémorable (1), semblaient prendre une voix pour demander justice aux lois du pays. Le château, démoli pièce à pièce, les décombres vendus, les arbres arrachés, et ce lieu magnifique changé en lieu de désolation, on espérait sans doute que le doigt du passant ne se lèverait plus vers la fatale fenêtre pendant que sa bouche prononcerait cette parole vengeresse : « C'est ici ! »

La Providence a voulu que toutes ces combinaisons fussent déjouées. Les précautions prises pour effacer le château de Saint-Leu du sol et, avec le château de Saint-Leu, le souvenir de la mort du dernier des Condés, ont précisément fourni les moyens de perpétuer ce souvenir. C'est, en effet, la vente à l'encan de l'emplacement du château qui a permis à un royaliste, qui partageait la douleur commune de tous les royalistes, d'acheter le terrain où, dans sa pensée, devait s'élever le monument funéraire consacré à cette race auguste.

Ce fut le 31 décembre 1841 que M. le vicomte Edouard Walsh fit cette acquisition. C'était sur le terrain dont il était devenu propriétaire, comme le constate l'acte de vente, que s'élevait « la partie du château contenant » la chambre où son altesse royale monseigneur le prince de Condé a été » trouvé mort. » Pendant près d'une année il mûrit son projet. Il avait auprès de lui, à cette époque, un de ces anges de bons conseils qui, de moitié dans tous nos sentimens comme dans toutes nos pensées, nous apportent ce que Dieu a mis dans le cœur de la femme de clairvoyance instinctive et de dévoûment passionné pour les nobles choses. Il est juste de mentionner ici le nom de madame la vicomtesse Walsh. Elle a été à la peine, elle doit être à l'honneur ; et si son tombeau s'est ouvert avant que la colonne tumulaire consacrée à la mémoire des Condés fût achevée, c'est une raison de plus de remplacer, par l'hommage que nous rendons ici à sa mémoire, la jouissance qu'aurait goûtée son cœur royaliste en voyant l'accomplissement de l'œuvre pour laquelle elle avait fait tant de vœux.

Après un an et demi écoulé, nous croyons être encore dans la petite chambre de Sainte-Pélagie où M. Walsh était retenu prisonnier, et d'où il voulut dater l'appel qu'il fit à la France en proposant à tous les hommes de cœur de se réunir pour élever une croix funéraire à la mémoire des Condés sur les ruines de Saint-Leu. Quelques personnes doutèrent du succès de la souscription ; elles ne connaissaient pas les royalistes et elles jugeaient mal la France où il y a une popularité qui ne meurt jamais, celle de la gloire.

L'Appel à la France parut dans LA MODE le 25 novembre 1842. Dans le

(1) Le procès intenté par les princes de Rohan.

numéro suivant, publié dix jours après, c'est à dire le 5 décembre de la même année, la souscription, à peine ouverte, avait déjà recueilli un grand nombre d'adhésions et les offrandes formaient une somme considérable. Tous les royalistes avaient voulu prendre part à cette œuvre ; sans doute ils s'étaient souvenus que jadis, lorsqu'un grand capitaine tombait au milieu des batailles, on plantait en terre devant lui sa bonne épée, à défaut d'autre croix ; et ils voulaient ramasser la grande épée des Condés, l'épée de Rocroy, de Fribourg, de Nordlingue et de Lens, et la planter en terre sur le champ funéraire de Saint-Leu, afin que cette croix, religieuse et guerrière, rappelât à la France la gloire immortelle de cette race et recommandât l'âme des trois derniers Condés à la miséricorde de Dieu.

Qu'il nous soit permis de faire ici une exception à la règle que nous nous sommes imposée dans cet historique rapide, de ne détacher aucun nom de la liste générale des souscripteurs que nous publions. Sur cette liste, la modestie de l'exil cacha par trois fois, sous l'anonyme, un nom auguste. Le premier de tous, LOUIS-ANTOINE DE FRANCE dont la mort récente met les royalistes en deuil, envoya son offrande. Puis, HENRI DE FRANCE et MADAME, duchesse de Berry, écrivirent pour annoncer qu'ils prenaient part à cette œuvre à la fois chrétienne et française.

A peine ouverte depuis un mois, la souscription obtenait un succès que rien ne pouvait plus arrêter. Tous souscrivaient, vieux condéens, vieux soldats de l'empire, jeunes hommes admirateurs des souvenirs historiques, femmes, enfans, vieillards, pauvres, riches, tous voulaient protester contre un oubli incroyable. Les fileuses de Bretagne filèrent pour payer la croix funéraire du dernier des Condés, comme elles avaient filé jadis pour payer la rançon de Duguesclin, et le Vendéen, ruiné par tant de guerres civiles, économisa sur l'obole de la veuve et de l'orphelin, afin d'apporter sa pierre au monument du père du duc d'Enghien et du fils du prince de Condé.

Ce fut, on peut le dire, le côté le plus touchant de cette souscription que cette affluence de noms populaires appartenant aux fidèles provinces de Vendée et de Bretagne. Qu'importe que l'offrande soit modeste, quand les cœurs qui l'offrent sont grands et généreux? Le denier de cuivre du paysan pèse autant, aux yeux de gens de cœur, que le louis d'or du gentilhomme, quand il s'agit d'une manifestation royaliste et française, d'un hommage rendu à cette illustre maison de Condé dont la gloire appartient à la France entière.

La souscription avait été ouverte, dans LA MODE, le 25 novembre 1842. La commission centrale, qui s'était réunie plusieurs fois, avait annoncé que, dès que les fonds nécessaires seraient réunis, la souscription serait fermée. Deux mois suffirent. Le 31 janvier 1843, le montant des souscriptions s'élevait à plus de quarante mille francs, somme jugée suffisante pour l'érection du monument ; la souscription fut donc close.

Aussitôt la commission, composée de M. le général marquis Victor de Latour-Maubourg, ancien gouverneur des Invalides, président, M. le général vicomte de Saint-Priest, ancien ambassadeur, M. le marquis de Pastoret, M. le général vicomte de Berthier, M. le duc de Fitz-James, M. Berryer, député, M. le général marquis d'Espinay-Saint-Luc, ancien officier de l'armée de Condé, M. le général de Cadoudal, M. le baron de Charette, M. le marquis de Villette, écuyer d'honneur de son altesse royale monseigneur le duc de Bourbon, M. le comte de Choulot, capitaine-général des chasses de son altesse royale monseigneur le duc de Bourbon, M. le vicomte Félix de Conny, M. le comte de Mac Carthy, M. Mandaroux-Vertamy, avocat à la Cour de cassation, M. le baron de Larcy, député, M. de Laurentie, M. le vicomte de Baulny, M. Charbonnier de la Guesnerie, ancien capitaine de la garde, M. Adolphe Sala, ancien officier de la garde, M. le vicomte J. Walsh, M. Alfred Nettement, M. Le Caron, M. le vicomte Edouard Walsh, se réunit chez M. le marquis de Pastoret, vice-président, et s'occupa activement de la mission dont elle avait été chargée, et, après avoir ouvert un concours qui produisit plusieurs plans remarquables, elle donna la préférence à celui de M. Fauginet, dont la grandeur et la simplicité réunirent tous les suffrages. C'est donc cet artiste habile qui a élevé le monument de Saint-Leu, qui a pu être solennellement inauguré le 27 juin 1844. Ainsi, en deux mois, la souscription a été ouverte et fermée; en un an et demi, le monument a été commencé, achevé et inauguré.

Jamais succès plus complet n'aura été obtenu en si peu de temps. Il faut en féliciter l'opinion royaliste et la France, sans s'en étonner. Les turpitudes doctrinaires ne doivent pas faire méconnaître les vertus nationales. Quand on descend plus profondément, on trouve le cœur de la France qui bat toujours sous la main de ceux qui l'interrogent, en lui jetant ces mots magiques d'honneur, de gloire, de justice et de loyauté ! Les royalistes, il faut le dire à leur avantage, ont été toujours les premiers à répondre à ces appels. Quand les blessés de la garde royale, ces braves et fidèles soldats qui étaient tombés sous le drapeau, martyrs de l'honneur et de la fidélité militaires, qu'on calomniait alors et auxquels on rend plus de justice aujourd'hui, languissaient sans secours, il suffit d'ouvrir une souscription; le lendemain même de la révolution de juillet, les royalistes vinrent la remplir. Quand Charlotte Moreau et Marie Boissy, ces nobles paysannes vendéennes, donnèrent une haute et vertueuse leçon au système corrupteur qui, avec tous ses millions, se trouva trop pauvre pour les acheter, les royalistes dotèrent la fidélité vendéenne de Charlotte Moreau et de Marie Boissy, pendant que MM. Montalivet et Thiers stipendiaient la trahison de Deutz. Quand, enfin, les Espagnols, livrés par Maroto sans être vaincus, furent obligés de quitter le champ de bataille où ils s'étaient illustrés par tant d'exploits en défendant le principe monarchique, et de passer la frontière pour entrer en France, les royalistes comprirent qu'ils avaient une dette politique à payer et un devoir national à remplir. Ils soutinrent l'antique renom de la France, cet asile de tous les malheurs et de tous les exils, et, tendant les bras à une armée malheureuse et fidèle, leur noble hospitalité répara la dureté inhospitalière du pouvoir.

Par la souscription de Saint-Leu, les royalistes ont couronné toutes ces manifestations généreuses à l'aide desquelles ils ont soutenu pendant quatorze ans les vertus publiques. Grâce à eux, la mémoire des Condés ne demeurera pas sans hommage, et le lieu où fut trouvé pendu le père du duc d'Enghien sera consacré par un signe de religion et de deuil. Si, dans quelques générations, le voyageur pieux qui se détournera de son chemin pour visiter cet endroit néfaste, ne demande pas en vain aux souvenirs des habitans où s'éteignit cette race de gloire, ou si le Français interrogé par lui ne lui indique pas en rougissant de honte un ignoble cabaret retentissant des hoquets de l'ivresse, sur le théâtre même de cette lamentable agonie, c'est à la piété royaliste que la France devra cette consolation. Certes la postérité montrera du doigt l'indifférence privée qui ne trouva point, dans un legs immense, l'argent nécessaire pour faire élever une croix de bois sur le sol où périt le dernier des Condés, mais, Dieu merci, elle n'aura point à accuser l'ingratitude publique. Tous sont venus, comme aux jours de batailles héroïques, Charette avec ses Vendéens, Cadoudal avec ses Bretons, apporter leur pierre au monument; les grandeurs de l'exil, les magnificences des lettres, les gloires de l'épée, tous ont voulu concourir à cette œuvre chrétienne et française; le riche et le pauvre, le célèbre et l'obscur, le vieillard et le jeune homme, la femme et l'enfant y ont pris part; et la croix funéraire de Saint-Leu, redira d'âge en âge, aux générations de l'avenir, la gloire des Condés et la reconnaissance de la France.

APPEL A LA FRANCE.

Prison de Sainte-Pélagie, 24 novembre 1842.

C'est à tous les chrétiens , à tous les royalistes, à tous les honnêtes gens de France, que je viens m'adresser, pour leur proposer un acte digne d'eux. Depuis douze ans, le dernier héritier d'une race de gloire a cessé de vivre, cette branche illustre des Condés, qu'on appelait la branche de laurier de la maison royale, a été tranchée sans retour; et pas un monument, pas une chapelle funéraire, pas un signe de deuil ne s'élève pour attester notre douleur et pour inviter à la prière ceux qui passent devant le lieu où périt le père de cet infortuné duc d'Enghien qui tomba, victime d'un assassinat juridique, dans les fossés de Vincennes, l'arrière petit-fils de ce glorieux duc d'Enghien qui donna l'immortelle victoire de Rocroy pour frontière à la France sur le point d'être envahie. Cet oubli ou cet abandon ne peuvent se prolonger plus long-temps, sans accuser nos sentimens français et notre piété religieuse, et c'est pourquoi je viens mettre à même tous les royalistes, tous les chrétiens, tous les honnêtes gens de France, d'élever un monument, une chapelle funéraire, une simple croix, que sais-je? un signe de deuil, à Saint-Leu, au lieu et place même où, comme il appert de l'acte dont suit la teneur, le 26 août 1830, fut trouvé PENDU le duc de Bourbon, prince de Condé , dernier des Condés.

ACTE DE VENTE.

« Suivant acte passé devant Mc Florestan-Charles Bonnaire, notaire à
» Paris, soussigné, qui en a la minute, et son collègue, les vingt-huit et
» trente et un décembre mil huit cent quarante et un, portant cette men-
» tion, etc., etc.;
   » M. Jules-Eugène Morisset, propriétaire, et madame Louise-Adélaïde
» Castagnet, son épouse, de lui autorisée, demeurant ensemble à Saint-
» Prix, canton de Montmorency, ont vendu à M. le vicomte Edouard
» Walsh, demeurant à Paris, 28, rue Taitbout, qui l'a accepté, un terrain
» de la contenance de trente-quatre ares dix-neuf centiares à prendre

» dans le parc de Saint-Leu, situé commune de Saint-Leu, canton de
» Montmorency (Seine-et-Oise), tenant d'un côté au nord, à **MM.** Leduc
» et Bontemps ; d'autre côté au midi, à M. Leduc ; d'un bout au levant,
» à M. Louis Douy, et d'autre bout au couchant, à la **RUE DES VAN-**
» **DALES**, qui a été prise sur les immeubles, jusqu'à concurrence d'une
» largeur de huit mètres.

» Sur ce terrain s'élevait la partie du château contenant **LA**
» **CHAMBRE OU SON ALTESSE ROYALE MONSEIGNEUR LE**
» **PRINCE DE CONDÉ A ÉTÉ TROUVÉ MORT.**

> » Pour extrait,

> » *Signé* **Bonnaire. »**

C'est cet emplacement, situé, on le voit, sur les ruines de ce château
de Saint-Leu, tombé sous le marteau de la bande noire ; cet emplacement,
borné au couchant par la rue que l'indignation des habitans des lieux en-
vironnans a nommée la rue des Vandales ; cet emplacement pris, selon
les termes de l'acte, sur la partie du château contenant la chambre
ou son altesse royale monseigneur le prince de Condé a été trouvé mort, que je viens proposer au deuil et à la piété de tous pour y élever un monument funéraire à sa mémoire.

Que cet appel soit entendu de tous les nobles cœurs ! Vieux et héroïques débris de l'ancienne France, nobles chevaliers de Saint-Louis, ses
compagnons d'armes, restes illustres de cette armée de Condé qui gran-
dissait au feu, vous nous viendrez en aide pour honorer la mémoire de
votre ancien général. A votre défaut, vos veuves et vos enfans, vos familles, à qui vous avez légué vos vertus avec le souvenir de votre gloire,
paieront cette dette sacrée. Et vous aussi, nobles débris des armées catholiques de l'Ouest, compagnons de Cathelineau, de Lescure, de Bonchamps, de Charette, de La Rochejaquelein, de Cadoudal, ou bien vous,
leurs veuves, leurs enfans, leurs héritiers, héritiers de leurs sentimens
comme de leurs noms et de leurs titres, vous voudrez fournir votre pierre
au monument du dernier des Condés. L'auguste vieillard de Saint-Leu
vous aimait aussi, il vous portait dans son cœur à côté de ses vieux
compagnons d'armes. Si le ciel lui avait laissé l'héritier de son nom, le
noble et malheureux duc d'Enghien, les fils des Vendéens jouiraient, en
ce moment, avec les fils des soldats de l'armée de Condé, des libéralités

princières qu'il leur avait assignées dans son testament, pour payer ce qu'il regardait comme une dette sacrée, contractée par la maison de France envers leur courage. Plus heureux que lui, vous avez laissé derrière vous des héritiers de votre sang qui acquitteront votre dette de reconnaissance envers le dernier des Condés.

Mais ce n'est pas à vous seulement que nous nous adressons, c'est à tous les royalistes, à tous les chrétiens, à tous les nobles cœurs que contient la France. Dans ce pays de gloire, qui ne voudrait honorer, par un souvenir pieux, cette race de gloire si déplorablement éteinte dans la chambre sinistre du château de Saint-Leu? Unissons-nous donc tous, soldats des armées de Condé, Vendéens, royalistes, Français, pour accomplir cette œuvre toute chrétienne, toute royaliste et toute française ; protégeons la mémoire du duc de Bourbon par un dernier hommage, et que, sur le lieu où il périt, une croix funéraire s'élève, pour rappeler à tout jamais au passant l'hommage qu'il doit à un nom si grand dans nos annales, et la prière qu'il doit à l'âme du dernier des Condés.

C'est de la prison de Sainte-Pélagie que j'ai voulu faire cet appel; mon cœur me dit qu'il sera entendu, et que la voix d'un royaliste prisonnier, demandant, en face du donjon de Vincennes où fut assassiné le duc d'Enghien, un hommage de deuil pour la mémoire de son auguste père, le malheureux vieillard de Saint-Leu, n'arrivera pas en vain aux oreilles des royalistes de France.

Vicomte ÉDOUARD WALSH.

GRANDEURS DE LA MAISON DE CONDÉ.

Il y avait, dans ce pays, une race de gloire, issue de l'illustre maison de Bourbon, dont les grandeurs sans égales ont été célébrées par **M.** de Châteaubriand ; race valeureuse, que nous trouvons, depuis le commencement du XVIᵉ siècle, sur tous les champs de bataille ; dont le courage brille partout où l'on voit reluire au soleil la pointe d'une lance, dont le nom retentit dans l'histoire comme un belliqueux cliquetis d'épées ; race mêlée à tous nos débats, à toutes nos luttes, à toutes nos passions, à tous nos troubles, à toutes nos guerres religieuses ; qui vécut profondément de notre vie nationale, partagea nos entraînemens, nos misères, et se mêla à toutes les questions qui intéressèrent la France ; race féconde en fiers caractères, en figures héroïques, en dévoûmens magnanimes, en natures puissantes, qui opposa un rival aux Guises, fournit un ami à Henri IV, donna au grand roi son plus grand homme de guerre, protégea Racine, inspira à Bossuet sa plus belle oraison funèbre, et causa à Napoléon des craintes homicides et des insomnies fatales qui se traduisirent en assassinat dans les fossés de Vincennes ; race illustre entre toutes, courageuse entre toutes, magnifique entre toutes, militaire entre toutes, aussi bien que protectrice des lettres et des arts ; qui se signala à la fois par sa splendeur dans la paix et ses succès immortels dans la guerre, et qui se recommande par l'attrait des grandes choses qu'elle accomplit, comme par l'intérêt touchant et doux qui s'attache au malheur ; c'est la race des Condés.

Dans cette race héroïque, les vertus militaires, ces vertus si françaises, semblent une tradition de famille. On eût dit qu'elle avait le secret de ces mots qui remuent si profondément les âmes et de ces fières paroles qui relèvent l'adversité. Accusée de conspiration par les Guises, dans la personne de son chef, sous le règne de François II, voici comment elle se justifie devant toute la cour : « Si quelqu'un, s'écrie Louis Iᵉʳ, prince de
» Condé, est assez hardi pour m'accuser d'avoir soulevé les Français contre
» la personne sacrée du roi, à moins qu'il ne soit le roi lui-même, une des
» reines ou un des enfans de France, je déclare qu'il en a faussement et
» vilainement menti ; et, mettant à part ma dignité de prince, que je ne

» tiens que de Dieu, je suis prêt à le démentir par un combat singulier. »
En même temps que ces paroles retentissent, un regard plein de fierté
avertit toute la cour que c'est à l'orgueilleux duc de Guise qu'elles s'a-
dressent, et le Lorrain est obligé de répondre, en baissant la tête : « Je ne
» souffrirai pas qu'un si grand prince soit noirci d'un pareil crime, et je
» vous supplie de me prendre pour second. »

Dans une circonstance plus périlleuse et plus critique encore, la race
des Condés ne forligne point et trouve des paroles aussi hautes. Prisonnier des Guises, condamné à mort par une commission, sachant que le
jour de l'exécution est déjà fixé, Louis Ier, prince de Condé, répond à
ceux qui lui parlent d'entrer en accommodement avec les Lorrains : « Il
» n'y a de meilleur appointement entre nous que le fer de la lance. »

Cet accusé si fier est un général habile et le plus vaillant et le plus loyal
des chevaliers. A la suite de la bataille de Dreux, qu'il perd après l'avoir
deux fois gagnée, il partage sans défiance le lit du duc de Guise, son ennemi et son vainqueur. On a conservé le souvenir de la harangue héroïque qu'il prononça au moment de livrer la bataille de Jarnac, qui fut sa
dernière bataille. Il avait le bras en écharpe par suite d'une chute de cheval ; au moment où il prenait son casque pour charger à la tête de sa cavalerie, le cheval du duc de la Rochefoucauld lui cassa la jambe d'un coup
de pied : « En avant, noblesse française, s'écrie alors le prince, et souve-
» nez-vous que Condé, le bras en écharpe et la jambe fracassée, ne craint
» pas encore de donner bataille. »

Telles furent les dernières paroles de l'illustre auteur de la race des Condés. C'est ainsi qu'il annonça dans le monde cette maison héroïque que
les adversités devaient toujours trouver inébranlable, les champs de bataille toujours intrépide.

Il arrive un moment où les races illustres ramassent toutes leurs forces,
pour ainsi dire, afin de se résumer dans un grand caractère où viennent
s'encadrer toutes les brillantes qualités qu'elles avaient éparpillées ailleurs. Sans nous arrêter à compter tous les trophées de la maison de
Condé, choisissons ce moment de son histoire. Nous avons montré son
éclatante aurore, admirons-la dans toutes les splendeurs de son midi, avant
de la montrer jetant encore de beaux et nobles rayons à son couchant.

Il y eut une époque, en France, où toutes les vastes intelligences, tous
les fiers courages, tous les hauts caractères, les grandeurs du génie des
armes comme les splendeurs du génie littéraire, semblèrent s'être donné
rendez-vous ; une époque qui produisit dans les lettres, Corneille, Racine,
Boileau, Labruyère, Lafontaine et Molière ; pour la chaire, Bossuet, Flé-
chier, Mascaron, Fénélon, Bourdaloue ; pour l'administration, Colbert ;

pour la cour, madame de Sévigné, madame de Maintenon, madame de Lafayette ; pour la guerre, Vendôme, Vauban, Catinat, Luxembourg, Duguay-Trouin, Tourville, d'Estrées, Villars et surtout Turenne ; ce fut dans cette époque, où tout était grand, que naquit le grand Condé. Son berceau prit place au milieu de ces berceaux chargés de tant d'espérances, quelques années en avant du berceau du grand roi dont l'enfance devait trouver en lui un rempart et dont le cercueil devait aussi céder le pas à son cercueil. Cette illustre maison de Condé semblait avoir hâte de produire son grand homme entre Henri-le-Grand et Louis-le-Grand, afin qu'il ne fût pas dit, dans le monde, que les Condés n'étaient pas de bons cadets et qu'ils restaient à mi-chemin d'honneur et de gloire.

On rencontre sur le berceau de Louis de Bourbon, de quelque côté qu'on le regarde, un puissant intérêt de poésie. Son père, bon général, politique habile, était petit-fils de ce fameux Condé qui fut tué à Jarnac, après la harangue héroïque qui fut son testament. Sa mère était cette Charlotte de Montmorency, modèle de grâce et de beauté, qui avait inspiré à Henri IV sa dernière passion, et qui, à la suite de son mariage, s'était enfuie, avec le prince son mari, à Bruxelles, pour se dérober aux empressemens du roi. Ce fut donc par un roman que commença cette histoire qui devait être si merveilleuse, si pleine de fortunes diverses et d'événemens qui dépassent les bornes du vraisemblable. Le sang des gagneurs de batailles coule de deux sources dans les veines du prince ; aussi bien porte-t-il dans sa physionomie quelques uns des traits de tous ses devanciers. Il a quelque chose de la fougue et de l'impétuosité de son bisaïeul des champs de bataille de Dreux, de Saint-Denys, de Jarnac, mais ses témérités sont des coups de génie, et sa fougue le précipite à la victoire ; quelque chose de l'inflexibilité de son aïeul, le compagnon des guerres de Henri IV ; mais cette inflexibilité est encore plus indomptable et plus fière ; quelque chose aussi, surtout à la fin de sa carrière, de la maturité et du jugement de son père, mais son jugement est plus haut et son habileté plus consommée.

C'est ici que les grandeurs de la maison de Condé s'élèvent si haut que rien, sous le soleil, ne saurait les surpasser. Le duc d'Enghien, général d'armée à vingt-deux ans, reçoit le commandement des troupes qui doivent couvrir, contre l'invasion espagnole, la Champagne et la Picardie. A Joigny, il apprend en même temps la mort de Louis XIII et l'arrivée de l'armée espagnole devant Rocroy, dont le siége est déjà commencé. L'ambition l'appelle à Paris, la gloire à la frontière ; il opte pour la gloire, et, tandis que ses amis l'attendent pour dominer la régence, il hâte la marche de son armée vers la frontière pour sauver la France d'une invasion. Noble et illustre race des Condés, ce fut alors que, trouvant dans une victoire la frontière qui nous manquait, vous préservâtes notre indépendance nationale menacée, et vous délivrâtes de la présence de l'Espagnol notre territoire envahi. Ah ! ce jour-là, la France contracta envers vous une dette éternelle que le nom glorieux de Rocroy lui rappellera d'âge en âge !

Qui de nous n'a pas senti cent fois son cœur palpiter au récit de cette bataille, dont le nom, consacré par le chef-d'œuvre de Bossuet, est demeuré populaire dans toutes les mémoires? Le voyez-vous ce jeune prince, qu'il faut réveiller d'un profond sommeil, le matin de sa première bataille, comme un autre Alexandre! Comme il court, comme il se précipite, portant la victoire dans ses yeux, pressant l'aile droite de l'armée espagnole presque triomphante, soutenant la nôtre ébranlée! Puis, après trois charges de cavalerie inutiles, comme il se fait enfin jour dans « cette » redoutable infanterie dont les gros bataillons, semblables à autant de » tours, mais à des tours qui sauraient réparer leurs brèches, demeuraient » inébranlables au milieu de tout le reste en déroute et lançaient des feux » de toutes parts! » La victoire est à nous! C'est en vain que Beck précipite à travers les bois sa cavalerie toute fraîche pour accabler les nôtres épuisées. Les bataillons espagnols, enfoncés, demandent quartier, et le duc d'Enghien fléchit le genou sur le champ de bataille, il rend au Dieu des armées la gloire qu'il lui envoie. « Là, continue la grande voix de la » chaire, on célébra Rocroy délivré, les menaces d'un redoutable ennemi » tournées à sa honte, la régence affermie, la France en repos, et un » règne qui devait être si beau, commencé par un si heureux présage. »

Quels souvenirs! quel tableau! quelles images! quelle nation que la France, qui trouve de si grandes paroles pour célébrer les grandes actions; mais aussi quelle maison que la maison de Condé, dont les princes devinent la guerre, et gagnent, à vingt-deux ans, des batailles sur les meilleurs généraux de l'Europe! Et lorsqu'on songe que cette grande et héroïque journée de Rocroy ne fut que le prélude de tant d'autres batailles gagnées dans les deux grandes guerres, entre lesquelles se trouvait placée la France, celle des Pyrénées et celle du Rhin; lorsqu'on se rappelle ce combat de Fribourg, où le prince eut à combattre non seulement des hommes, mais des montagnes inaccessibles, des ravins, des précipices, toutes les difficultés du terrain, un bois impénétrable dont le fond est un marais, et derrière des ruisseaux et de prodigieux retranchemens, Mercy et ses braves Bavarois, entourés partout de forts élevés et de forêts abattues; lorsqu'on voit apparaître cette glorieuse journée de Nordlingue, où Mercy tomba victime digne d'un tel vainqueur, et dont les audacieux apprêts avaient épouvanté la sagesse de Turenne, et cette immortelle journée de Lens, dans laquelle le duc d'Enghien acheva les restes de cette formidable infanterie espagnole qu'il avait décimée à Rocroy ; on comprend alors toutes les grandeurs de la maison de Condé et toute l'étendue de la dette de la France.

S'il est un tableau aussi magnifique que celui qui vient de se dérouler devant nous, c'est celui du déclin de cette vie dont l'aurore avait été si éclatante. Le prince de Condé, après des erreurs et des fautes dont il s'est repenti par des victoires, conquérant de la Franche-Comté, une dernière fois victorieux à Senef, après avoir ramené intacte l'armée, veuve de Turenne, a renoncé à la vie des champs de bataille. Il s'est retiré dans sa magnifique retraite de Chantilly, dont les beaux ombrages voient accourir Luxembourg, Bossuet, Bourdaloue, Lamoignon, Mansard, Le Nôtre, La Bruyère, La Rochefoucauld, Molière, Boileau et Racine, protégés contre les insolentes menaces du duc de Nevers, et enfin le grand roi lui-même, venant, à la tête de sa cour, honorer ce héros vieilli, dont la marche était devenue pénible, tant il était chargé de lauriers, selon la parole de Louis XIV qui reçut à Chantilly une hospitalité splendide, marquée par ces fêtes brillantes et toutes parfumées de jonquilles, dont madame de Sévigné a chanté les merveilles. Puis on assista à ces sublimes entretiens dont Bossuet a parlé, et qui se poursuivaient dans de superbes allées, au bruit des eaux jaillissantes qui ne se taisaient ni jour ni nuit, et dans lesquels les grandes voix que la postérité écoute avec respect, à un siècle de distance, se mêlaient à cette voix si fière qui avait si souvent dicté des arrêts à la victoire. Et, lorsqu'enfin nous cherchons le dernier triomphe de ce prince, qui compta tant de triomphes, nous voyons, au milieu de la plus brillante assemblée de l'univers, le grand évêque de Meaux, suspendu comme un prophète entre le ciel et la terre, couchant, pour ainsi parler, le grand siècle tout entier dans le cercueil du grand Condé, auquel il a consacré « les derniers restes d'une voix qui tombe et d'une ardeur qui s'é- » teint. » C'est Bossuet qui, après avoir célébré, avec les funérailles du héros qui avait été son ami, celles de son époque et ses propres funérailles, vient, semblable à la femme qui, dans un banquet précurseur du dernier banquet, versait un vase de parfums sur les pieds du Christ, répandre, avec la gloire immortelle de très haut et très puissant prince Louis de Bourbon, prince de Condé, toutes les gloires du grand siècle devant la grandeur de Dieu !

Voilà sous quels traits nous apparaît la maison de Condé dans le grand siècle. Quand la page tourne, quand les temps changent, lorsque la monarchie est à son déclin et que la révolution éclate, cette glorieuse maison trouve de nouvelles grandeurs au milieu des ruines qui l'entourent.

Tournez les regards vers ce camp où le vieux drapeau de Rocroy, de Lens, de Nordlingue, de Senef, a été relevé par de vaillantes mains. Trois générations de Condés y commandent, et c'est ici qu'on va voir un spectacle digne de l'admiration du monde. La France suffit à défrayer de gloire deux bannières : d'un côté, Pichegru, Hoche et Moreau; de l'autre, les trois générations de la maison de Condé. Dignes chefs d'une armée qui se compose d'officiers, dans laquelle des mains qui ont tenu l'épée de commandement reprennent le mousquet du soldat, Condé, Bourbon, Enghien n'ont qu'un cœur avec leurs compagnons d'armes, qu'une fortune, qu'une destinée. Au premier rang quand il s'agit de combattre, ils déplorent les fatales divisions qui mettent aux enfans du même pays les armes à la main. « Ne sommes-nous pas trop malheureux, » dit le prince de Condé au duc de Bourbon et au duc d'Enghien, « d'avoir à combattre » sans relâche ceux que nous voudrions embrasser. » Et le duc de Bourbon et le duc d'Enghien partagent les sentimens, celui-ci de son aïeul, celui-là de son père. Le duc d'Enghien se trouve à Munich, ville demeurée neutre, comme tous les Etats du duc de Bavière, au milieu d'un détachement républicain dont l'officier s'étonne de le voir aussi tranquille au milieu d'une troupe ennemie. « Il n'y a point d'ennemi ici, interrompt vivement le duc d'Enghien, « c'est déjà trop de l'être sur les champs de » bataille. » C'est le même prince qui oblige à se rendre un brave républicain qui voulait se défendre jusqu'à la mort, croyant que les royalistes fusillent leurs prisonniers, et le conduit au camp, où il le traite comme un frère d'armes, tandis que le duc de Bourbon met le sabre à la main pour arracher un autre républicain français des mains des Michalowits, soldats barbares et indisciplinés qui voulaient l'égorger.

C'est là l'immortel témoignage que la postérité rendra à cette glorieuse maison de Condé. Dans ces circonstances douloureuses, où l'on combattait Français contre Français, elle demeura française. Le prince de Condé faisait soigner les blessés républicains comme ses enfans, tandis que la Convention ordonnait de fusiller les blessés royalistes. Le duc d'Enghien saluait avec respect un convoi de soldats républicains, et s'écriait avec orgueil, après la journée d'Oberkamlach : « Il n'y a rien d'égal à la va- » leur des Français républicains que la valeur des Français royalistes. » Le duc de Bourbon mettait, on l'a vu, le sabre à la main pour sauver un républicain des mains des Allemands, et pleurait, avec le prince de Condé, son père, et le duc d'Enghien, son fils, la nécessité où l'on se trouvait d'attendre les Français pour les combattre, à Salzbach, dans le lieu où mourut Turenne! Trois générations de Condés pleurant à la pensée de combattre des Français auprès du tombeau de Turenne, il n'y a pas, que nous sachions, dans aucune histoire du monde, une image plus touchante et plus belle, et c'est pourquoi nous l'avons réservée pour fermer l'histoire des grandeurs de la maison de Condé.

Hélas! qu'est-elle devenue cette maison illustre, cette maison héroïque dont l'aurore fut si brillante, dont le midi rayonne des victorieuses splendeurs de Rocroy, de Fribourg, de Lens, de Nordlingue et de Senef, et dont le déclin jeta une si vive lumière? Les ruines du sinistre château de Saint-Leu et les échos des fossés de Vincennes peuvent seuls vous répondre. Deux épouvantables tragédies devaient donc fermer l'histoire de cette glorieuse race. Le duc de Bourbon devait périr, de quelle façon? Vous le savez, mon Dieu! le duc d'Enghien devait être assassiné dans les fossés de Vincennes. Grâce au ciel, il lui fut donné du moins *de périr de la mort d'un soldat*, selon sa noble parole. Il eut des témoins qui entendirent les derniers accens de sa voix, et qui vinrent redire à la France qu'en face des meurtriers qui chargeaient leurs armes, à côté de la fosse que l'on avait creusée pour ce corps plein de jeunesse, de beauté et de vie dont on allait faire un cadavre, le duc d'Enghien répondit à ceux qui le sommaient de s'agenouiller : «Un Bourbon ne fléchit le genou que devant » Dieu. »

Noble prince, si vous aviez vécu, c'est vous qui auriez rempli le devoir que les royalistes de France vont remplir aujourd'hui. Ah! vous n'auriez pas souffert, vous, que le soc de la charrue passât sur le lieu où périt si tragiquement votre infortuné père! Vous n'auriez pas permis, vous, qu'on injuriât le nom de Condé et qu'on insultât toute une maison auguste dans la personne du vieillard de Saint-Leu! Comme le glorieux auteur de votre race, au premier mot qui serait venu élever le soupçon d'une action honteuse contre un Condé, vous auriez mis la main, Monseigneur, sur la garde de votre épée, et vous vous seriez souvenu de Louis Iᵉʳ de Bourbon, prince de Condé, s'écriant devant toute la cour de France : « Si quelqu'un » est assez hardi pour accuser la maison de Condé d'une action infâme, je » déclare qu'à moins que ce ne soit le roi lui-même, une des reines ou » un des enfans de France, il en a faussement et vilainement menti, et, » mettant à part ma dignité de prince, je suis prêt à le démentir, l'épée à » la main. »

Mais, puisque vous n'êtes plus, puisque la maison de Condé est éteinte, les royalistes de France accompliront, autant qu'il est en eux, le devoir filial que le duc d'Enghien aurait accompli envers le malheureux prince qui a trouvé des légataires pour jouir de sa fortune, mais non pour honorer sa mémoire et remplir ses dernières intentions. Ils accompliront ce devoir avec d'autant plus de piété et d'empressement, que ce n'est pas un seul prince, mais une race tout entière, une race illustre et glorieuse qui a péri à Saint-Leu, dans le dernier de ses représentans. Ils convieront tous les hommes de cœur, tous ceux qui se souviennent des services rendus à la patrie, tous ceux qui aiment la gloire, à venir élever un signe de deuil sur le lieu où disparut cette puissante race qui a rempli nos annales de ses grandes actions. Ils emprunteront, s'il le faut, les paroles de Bossuet pleurant sur le tombeau du grand Condé, pour inviter tous les Français à rendre ce dernier hommage à la maison de Condé tout entière, et ils diront avec lui : « Venez, peuple ; venez, princes et seigneurs, et vous » qui ouvrez les portes du ciel ; et vous, plus que tous les autres, princes » et princesses, nobles rejetons de tant de rois, lumières de la France, » mais aujourd'hui obscurcies et couvertes de votre douleur comme d'un » nuage ; approchez en particulier, ô vous qui courez dans la carrière de » la gloire, âmes guerrières et intrépides, environnons tous ce tom- » beau et versons des larmes avec des prières. » Et, quand nous serons tous ainsi réunis, nous relèverons cette grande épée tombée, pour en faire une croix, à l'exemple de Bayard mourant ; nous planterons le signe divin qui marque la fin de toutes choses sur le lieu où finirent les grandeurs de la maison de Condé, afin de rappeler cette maison à l'admiration des Français et de recommander les âmes des trois dernières générations des Condés aux prières des chrétiens et à la clémence de Dieu.

ALFRED NETTEMENT.

AU GRAND CONDÉ.

Lorsque tu te couchas sous le drap mortuaire,
Bossuet, en extase au fond du sanctuaire,
    Attendit ton dernier adieu ;
Il ouvrit devant toi comme un sentier de flamme,
Et sa voix magnifique accompagna ton âme
    Jusques à la porte de Dieu.

Et l'armée en silence inclina sa bannière ;
Et la gloire éclaira d'une lueur dernière
    Louis Quatorze à son déclin ;
Et jusqu'au fond du cœur la France fut frappée ;
Et l'invalide en pleurs maria ton épée
    A l'armure de Du Guesclin.

Et ton nom solennel se couronna d'étoiles ;
Et, quand de l'avenir tu soulevais les voiles,
    Sans doute tu prévoyais peu
Que ce nom, dont l'éclat illuminait nos scènes,
S'éteindrait, en deux nuits, sous le plomb de Vincennes
    Et sous l'oreiller de Saint-Leu.

Dis-moi, voit-on du ciel les choses de la terre ?
Napoléon voit-il, au gré de l'Angleterre,
    Le nom français se démentir ?
Et Louis Seize aussi, du royal héritage
Voit-il qu'à ses enfans il ne laisse en partage
    Que sa couronne de martyr?

La digue qui gardait le torrent s'est rompue ;
Et des ambitions la vague corrompue
    S'est précipitée en grondant;
Et chacun a conçu l'effroyable espérance

De se vautrer, boueux, sur les flancs de la France,
    Et de la mordre de sa dent.

Et ceux qui sont venus le lendemain des fêtes,
N'ayant rien à saisir, car les parts étaient faites,
    Se sont retirés affamés ;
Mais ils se sont promis de revenir à l'œuvre
Quand le sommeil aurait endormi la coulœuvre,
    Quand les vautours seraient calmés.

As-tu suivi de l'œil le siècle de débauche,
L'avarice à sa droite et la peur à sa gauche,
    Et le mensonge le poussant ;
Et le cynisme impur raillant l'Europe entière ;
Et le fauteuil des rois si chargé de poussière
    Qu'on n'y voit plus tache de sang ?

Mais surtout, des hauteurs de la sphère infinie,
De tes derniers enfans as-tu vu l'agonie ?
    Le plus heureux d'entre les trois,
Ou le moins malheureux, ce fut l'aïeul, sans doute ;
Et l'âge, sans le crime, a seul ouvert sa route
    Vers le sépulcre de nos rois.

Le plus jeune, avant lui, le crime vint le prendre ;
Et pour frapper ce cœur, brave, héroïque et tendre,
    Le crime ne s'est pas caché ;
Le crime a refusé tout mensonge ; superbe,
Il n'a pas déguisé la place et fauché l'herbe
    Où d'Enghien sanglant s'est couché.

Le crime l'a percé d'une balle homicide ;
Mais il n'a pas chargé du poids d'un suicide
    Ce grand nom qui restait debout !
Il n'a point réclamé les droits d'un légataire ;
Il a foulé son corps sous quelques pieds de terre
    Et s'est retiré, voilà tout !

Mais son père !... Oh ! dis-nous comment est mort son père !
Ouvre-nous ce palais dont on fit un repaire ;
    Si tu vis ce qui s'est passé,
A la France indignée, oh !... parle ; fais connaître

Comment vint s'achever, muet, à la fenêtre,
   Ce grand drame ailleurs commencé.

O noble expiateur des erreurs de la Fronde,
On voudrait exiler la justice du monde
   Ou la condamner au sommeil !
Mais l'oiseau du Seigneur revient toujours à l'arche ;
Mais on n'arrête pas le globe dans sa marche ;
   Mais on n'éteint pas le soleil !

Quand un meurtre est commis sur la route écartée,
Une pierre s'élève ; une croix est plantée
   A la place où le sang coula ,
Pour que le voyageur, à ce signe sévère,
Se recueille et s'élève aux pensers du Calvaire,
   Quand il vient à passer par là !

O quand on ne rit pas de la France trompée,
Quand on garde fidèle et le cœur et l'épée,
   Quand on proteste sur l'honneur,
On aime à saluer un grand nom qui s'efface,
Et des iniquités de ce siècle qui passe
   On en appelle... à vous, Seigneur !

C'est pourquoi nous voulons que, dans ce lieu funeste,
Un marbre expiatoire, un monument modeste,
   Soit debout dans mille ans encor,
Pour qu'il ne soit pas dit qu'au chemin des Vandales,
La trahison ait seule imprimé ses sandales
   En s'en allant chercher son or.

A. DE BEAUCHESNE.

LISTE DES SOUSCRIPTEURS

MONUMENT DE SAINT-LEU.

OUVERTE LE 5 DÉCEMBRE 1842, FERMÉE LE 5 MARS 1843.

UN ANONYME, LOUIS-ANTOINE DE FRANCE.

UN ANONYME, HENRI DE FRANCE.

UNE ANONYME, S. A. R. MADAME, DUCHESSE DE BERRY.

Madame la vicomtesse Edouard Walsh, — MM. le vicomte de Châteaubriand, — le lieutenant-général vicomte de Saint-Priest, ancien ambassadeur, — le marquis de Pastoret, — le général vicomte de Berthier, ancien aide-de-camp du prince de Condé, — le duc de Fitz-James, — Berryer, député, — le général marquis d'Espinay Saint-Luc, ancien officier de l'armée de Condé, — le général de Cadoudal, — le baron de Charette, — le marquis de Villette, écuyer d'honneur de S. A. R. MONSEIGNEUR LE DUC DE BOURBON, — le comte de Choulot, capitaine général des chasses de S. A. R. MONSEIGNEUR LE DUC DE BOURBON, — le vicomte Félix de Conny, — le comte de Mac-Carthy, — Mandaroux-Vertamy, avocat à la cour de cassation, — le baron de Larcy, député, — de Laurentie, — le vicomte de Baulny, — de Charbonnier de la Guesnerie, ancien capitaine de la garde, — Adolphe Sala, ancien officier de la garde, — le vicomte J. Walsh, — Alfred Nettement, — Le Caron, — le vicomte Edouard Walsh, — LA MODE, — MM. le duc de Doudeauville, — le marquis de Lubersac, — le duc de Valmy, — le comte Walsh, — le comte Alfred Walsh, — Olivier Walsh, — Gaston Walsh de Serrant, — mesdames la marquise d'Espinay Saint-Luc, — la comtesse de Cossé, — MM. — le comte de Coutard, lieutenant-général, — le vicomte de Cazes de Villeneuve-l'Estang, — madame la comtesse de la Rouëre, —

a

MM. le comte de Truguet, — le comte d'Augier, — madame la marquise de Goulet, — MM. le marquis de Goulet, — le baron de Mengin Fondragon, — un vieux royaliste ruiné, — M. Edmond de Solérac, — madame la marquise de la Haye-d'Ommoy, — le baron d'Orgeval, — Adolphe d'Orgeval, — le comte de la Bourdonnaye, — mademoiselle Caroline de la Bourdonnaye, — M. Léon de la Bourdonnaye, — mademoiselle Hermine de la Bourdonnaye, — M. le baron Arnoud de Bertoud, — madame la comtesse Charles de Vennevelles, — MM. Gaston d'Orgeval, — Georges d'Orgeval, — le marquis de Nétumières, — — madame Arlaut d'Affonville, — MM. le comte A. du Temple de Rougemont, ancien capitaine de cavalerie, — de la Noue, — Charles Hersart, — de Saint-Laurens, ancien chef d'escadron, fourrier-des-logis du roi, — un royaliste, — MM. le vicomte Auguste de Mengin Fondragon, — le marquis de Puisaye, — madame la marquise de Beauregard-Barbantanne, — M. le comte Louis de Barbantanne, — mesdames la comtesse Louis de Barbantanne, — la vicomtesse de Bongars, — de Viette, — MM. le chevalier de Radulph, de Gournay, — M.-J. Defaux, — de la Haye, gendre de M. de Lassalle, chevalier de Saint-Louis, — le marquis de Valori, — Voillet de Saint-Philbert, gérant de la Mode, détenu à Sainte-Pélagie, — Yves de Kergau, gérant de la Mode, — Castan, caissier de la Mode, — Aubry-Foucault, gérant de la *Gazette de France*, détenu, — Chevrier père, — Saint-Ange Chevrier, — le chevalier d'Auriol, ancien introducteur des ambassadeurs, — Bossin, grainier-pépiniériste, — C. de Muizon, — de la Frenaye, — Fabre, — Dolivot de Givry, — Porquet, libraire, — mesdames Miller, — Coutrain, — Batardi, — MM. le marquis de Falletans, ancien condéen, — Collinet, — Philippe Delosme, — le comte Armand de Sade, — l'abbé Marliac, curé de Looze, — *la Maison de Commission* Lassalle et Cᶜ, — MM. Le Pelletier, — Ernest Le Pelletier, — Eugène Le Pelletier, — Fernand Le Pelletier, — le comte d'Hofflize, — le comte Charles du Tertre, chevalier de Saint-Louis et de la Légion-d'Honneur, officier de l'ordre de Guillaume et d'Isabelle-la-Catholique, — madame Hudeline, — M. Drappier, — les ouvriers de M. Sabatier, — M. le comte de Maulde, — madame veuve de Bizien du Lezard, — — MM. le comte et vicomte des Moutis de Boisgautier, — madame la marquise de Barville, — MM. le vicomte de Charencey, ancien officier de cavalerie, — A. Aguillon, ancien député du Var, tant pour lui que pour son fils et ses six petits-enfans, — Armand de l'Espinay, — mademoiselle de Lupel, — M. Roger de Damoiseau de la Bande, fils d'un ancien condéen, — mesdames de Damoiseau de la Bande, — de Damoiseau de la Bande, petite-nièce de M. le comte d'Apchon, ancien gouverneur de S. A. R. Mgr le duc de Bourbon, — la vicomtesse de Dreux-Nancré, née de Bouloc, — M. le baron de Manonville, — madame de Manonville, — MM. Fréban Berthelot, — Charles Fessart, — le baron de Coulange, — de Martigny, ancien capitaine au 18ᵉ de ligne, — le comte Alfred du Lau, — Mallet (Marcellin-Gabriel), — madame la duchesse de Blacas, — MM. le baron Charlet, secrétaire des commandemens de l'auguste Fille de Louis XVI, — le baron Hyde de Neuville, — madame la duchesse de Lorges, — le marquis Victor de Latour-Maubourg, lieutenant-général, — le comte de la Fruglaye, — *la Quotidienne* (journal), — *les Villes et Campagnes* (journal), — MM. Herbert, directeur de *l'Echo Français*, — Paris, chef de départ à *l'Echo Français*, — un Ecclésiastique du canton de Montmorency, — le baron de Brian, — le comte de Caux, — Th.ʳᵉ Muret, — le comte de Robien, — T. Peychaud de Lisle, — le comte Florian de Kergorlay, — Montessus de Rully, — madame Montessus de Rully, née de Damoiseau de la Bande, — M. le comte de Bragelongne, — madame la comtesse de Bragelongne, — M. le comte de Broyes, — M. de Gentil, ancien condéen, — M. et madame Chagrin, de Saint-Hilaire (Orne), — madame de Saint-Aignan, née Dumerle (Orne), — MM. le comte Beaussier de Châteauvert, — Périnet, fabricant de gants, — le comte de Fautras, — le général baron de Salle, — de Vezelay, chevalier de Saint-Louis, ancien officier de l'armée de Condé, — madame la comtesse Ogier, — M. d'Ablon, — madame de Cacheleu, née d'Ablon, — MM. le comte de Barjon, — A. de Blanche, — de Bostenuey, — le marquis du Boutet, à Crépan, — A.-L. Combin, journaliste, — de Launay, docteur, — Mazuyer, — madame la comtesse Dutourmel, — MM. Heurtaul de Saint-Christophe, — le vicomte E. de Banville, — H. Bousquet, de Béziers, — Adolphe de Prat, ancien officier de la garde (démissionnaire), — Quignard, — le colonel B. D. V., colonel en retraite, ancien officier de l'armée de Condé, — madame la marquise de Balleroy, douairière, — M. de la Mairie, à Gournay en Braye, — madame la marquise de Courlebourne, — MM. le chevalier de Montrouant, — M.-S. Lolive, — de Berne-Levaux, ancien officier de l'armée de Condé, — mesdames les petites-filles du frère de lait de S. A. R. Mgr Louis-Joseph DE BOURBON, prince de Condé, — veuve Le Denois, — MM. de Liége d'Aunis, ancien officier aux dragons de la garde royale, — Cart, — madame de Gerlache, née de Noucy, — MM. le comte de Montalembert d'Essé, — A. de Montalembert d'Essé, — du Pontavice, ancien page de S. A. R. Mgr le comte d'ARTOIS, — madame la comtesse de Caumont, — M. le comte de Clercy, — madame la comtesse de Clercy, — MM. Taveau, ex-brigadier des gardes-du-corps du ROI, — H. Marchant, chevalier de Saint-Louis, sous-

intendant militaire en retraite,— les comte et marquis de Villers la Faye,
— le comte de Courtivron, — Durand de la Presle, — de la Chapelle, —
Alexandre Petit, — de Grozelier père, — B. Coffyn-Spyn, ancien député,
à Dunkerque, — de Couasnon, ancien garde-du-corps, — madame Cé-
lier de Béreuil,— M. le général comte de Rivarol,— le denier de la veuve,
—MM. le comte de Puymaigre, — le baron de Lagny,—Adolphe de Ru-
belles, ancien directeur du *Bourbonnais*,—le marquis d'Arbaud-Jouques,—
le comte de Castelneau,— Alfred et Gustave Péraut de la Rue, — madame
Alfred Péraut de la Rue,—M. Davignan,—madame de Léotard, veuve d'un
officier condéen,— mademoiselle de Léotard,—madame Gibert, concierge,
—M. P. Cebe, employé, — mesdames Matifax,— Henoq, boulangère,—
Pernin, marchande, — Maze, fruitière, — veuve Michel, fruitière, —
M. Souplé, cafetier, — madame Arnassan, marchande, — MM. Célestin,
commissionnaire, — Brisset, marchand fruitier, — le chevalier Alissan de
Chazet, — le marquis et le comte de la Laurencie, — madame la marquise
de la Laurencie, — MM. le vicomte de Laître, — Gabriel du Garreau,
chevalier de Saint-Louis, — le marquis de Querhouën, — le comte de
Romain, — Alirot, avocat, — un Ecclésiastique du canton de Montmorency, — madame la comtesse de Dorthan, — MM. Tassin de la Vallière, — Charles de Vosgien, — le baron de Pussin, — *le Moniteur
des Eaux et Forêts*, — MM. Thomas, agent forestier, — Lemares-
tier, — de l'Escale de Longlay, — madame Pauline de Giffard, —
— MM. Guénier, homme de loi, — Granet, ancien officier, — Roesch,
officier supérieur en retraite,—d'Escûns, — mesdames d'Escûns,— Sala,
— mademoiselle Sala, — M. Belle-Étoile du Motet, chevalier de Saint-
Louis et de la Légion-d'Honneur, ancien officier de l'armée de Condé,—
madame la comtesse de Monbadou, — M. le vicomte de la Haye, — madame la vicomtesse de la Haye, — MM. de Forsanz, chevalier de Saint-
Louis, — Urvoy de Closmadeuc, chevalier de la Légion-d'Honneur, —
Jules de Closmadeuc, — le marquis de Louverval, ancien officier supérieur aux cent suisses du ROI, doyen des chevaliers de Saint-Louis, — le
comte Turpin de Crissé, — madame la vicomtesse de Truchis, — MM. le
baron Maximilien de Valire, — le baron Rolland Onfroy, — L. de Lepi-
nerays, — le chevalier de la Broize, de Laval, — Jules Le Pelletier·d'An-
goville, ex-garde-du-corps du Roi, neveu de deux condéens, — madame
la comtesse de Laverne, née de Barjon,— M. de B.,—madame de Brosse,
marquise de Massol, — MM. le comte de Nadaillac, — le chevalier de
Gatines, — Battur, avocat à la cour royale de Paris, — un garçon d'hôtel,
à Paris, — Thuillier, curé de Montmorency, — L. P. de Blainvilliers, —
le vicomte de Villeneuve-Bargemont, — Gaston de Montmorency, —

Tempié, ancien officier de l'armée de Condé, — le comte Jules de Castellane, — Dayrell, aux Imberts, — le comte de Chambrun, — de l'Hermitte du Landay, chevalier de Saint-Louis et de Charles III, — le comte de Quesnay, écuyer commandant les équipages de monseigneur le DUC DE BOURBON, — madame la comtesse de Quesnay, née de Muyssart, — M. le vicomte de Boubers, — madame Boutelette, née Ducaules, — MM. le chevalier d'Abancourt, ancien officier supérieur des gardes à pied du corps du ROI, — le chevalier Le François du Feltel, ancien officier de cavalerie, chevalier de Saint-Louis, — de Cheppe, — le comte d'Esclaibes, — mesdemoiselles Mathilde et Sosthénie d'Esclaibes, — Mesdames la baronne de Chalancey, — Duvau de Chavagne, — MM. Haulon, négociant, — le comte F. d'Averton, à Avignon, — de Bertrand, — Berthier de Grandry, — de Verneuil, à St-Maur-les-Fossés, — un notaire, — madame la comtesse de Villedeuil, — M. le baron de Perreux, — un vétéran royaliste, — madame la baronne de Wangen, née de Briancourt, — MM. le baron Eugène de Wangen de Géroldseck, — le comte Maximilien de Blangy, — A. de Fontainieu, de Marseille, — le chevalier de Saint-Cyr, chevalier de Saint-Louis, propriétaire à Aumale (Seine-Inférieure), ancien soldat de l'armée de Condé, — madame la comtesse de Busseul, au château de Saint-Christophe, — M. le chevalier d'Hémeric-Cartouzières, ex-capitaine au 3e régiment de la garde royale, — souscription de *Joigny*, recueillie par M. de Birague, — MM. le chevalier Baculard d'Arnaud, chevalier de Saint-Louis, à Provins, — mademoiselle Dutréni de la Sicaudais, — M. le marquis du Peyrroux, — mademoiselle Langlois, — deux vétérans vendéens de l'armée de Bonchamps, — MM. le chevalier des Marets, vieux soldat de l'armée de Condé, ancien officier supérieur, — Curatteau de Courson, — madame Ebeling, ex-fournisseur de monseigneur le duc de BOURBON, — M. le comte de Fouchecour, colonel d'artillerie, ancien soldat de l'armée de Condé,— madame Mallard de Saint-Eman, — MM. le comte Malartic, — le vicomte Adolphe de Carbonnières, — le vicomte de Morry, — de la Boulie, — de Burgault, chevalier de Saint-Louis, — madame la comtesse de Chiésa,— MM. Delalande, contrôleur des douanes en retraite, — Mathieu de Saint-Alban, ancien magistrat, — le baron de Surval, — Adolphe et Henri des Rousseaux de Médrano, — des Rousseaux de Médrano père, — le comte de Villelume-Sombreuil, — madame la comtesse de Villelume-Sombreuil. —M. de Belenet, ancien officier des gardes-du-corps, — madame la comtesse de Carbonnel, — M. le vicomte d'Hervilly, — madame la vicomtesse d'Hervilly, — MM. B. D. V., colonel en retraite, ancien officier de l'armée de Condé (2e souscription), — Lepareur, — le comte Fernand de la Ferronay, — le marquis de Beaumont, — Le Mintier de Lehclec, — de Marne de Gérard, chevalier de Saint-Louis, ancien condéen, — madame de Chamissot, née de Girocourt, — MM. Théodore de Marieu de Burges, — le baron de Capdeville, — madame de Ranst, — MM. le vicomte de Nugent, — le chevalier de Guichard de la Linière, chevalier de Saint-Louis (servait à l'armée de BOURBON), — Ravier de Magny, ancien magistrat, — madame la baronne Trumilly, veuve d'un officier de l'armée de Condé, — MM. A. de Palaminy, — le baron de Pinteville-Cernon, — Bellet, à Chantilly, — mesdames veuve Van Duffel, — de Borde, née de Van Duffel, — MM. le Vicomte Pierre de Montault, — le marquis de Quitry, — la marquise de Quitry, — M. Sirieys, curé de Neuvic, — madame la baronne de Bossinay, — MM. le baron de Bossinay, — le comte d'Ussel, — madame la marquise de Fontanges, née de Voyon, — MM. le marquis de Fontanges, — le chevalier de Bonnafos, — Louis de Lalande de Calan, — madame Louis de Lalande de Calan, — M. le comte de Noinville, — madame de Chaumont, — mesdemoiselles Virginie et Marie-Caroline de Gerdy, — MM. le marquis de Saint-Paul, — le comte de Tertu, — mesdames la comtesse de Maurville, — la baronne de Montaigut, — mademoiselle de Montmarin, — MM. de Montmarin, — François Madeleine, garçon d'hôtel, à Paris, — Hardian de la Patrière, — Galard de Béarn, — de Carsalade, — Jules de Landrevie, — le vicomte Salvador, — le comte de Pontmartin, — le comte de Renouard, — Aimé de Sona, — de Lausière, — de Rauglaudre, capitaine en retraite, chevalier de Saint-Louis, — Hériot de Vroil, — Alix de Vroil, — de Pagès, chevalier de Saint-Louis, — de Saint-Victor, — Arnaud père, propriétaire, — Fougery père, — Henri et Alexandre Fougery, — Deflers, — Loisel-Dumesnil, propriétaire, à Guilvacq, — Morin, négociant, à Falaise, — Bertrand, marchand, à Falaise, — un curé des environs de Falaise, — le général Sans, réfugié espagnol, — le comte de Tarragon, — le chevalier de Villebresme, ancien lieutenant-colonel de cavalerie, chevalier de Saint-Louis, à Auteuil, — le comte Desmazis, — madame Louis d'Amboise, à Chaumont, — MM. de Noiron de Briancourt, à Chaumont, — D. Lemaréchal, chevalier de la Légion-d'Honneur, à Rugles, — madame la baronne de la Luque, — MM. le chevalier de la Boulie, — le comte de la Myre, — madame de la G...., — MM. de la Grimonière, — de Monsures, chevalier de Saint-Louis, ancien condéen. — madame la comtesse de Vertamon, — M. le baron de Selle de Beauchamp, ancien sous-préfet, — madame la comtesse de Coustin, née de Sanzillon, — MM. le marquis de Mengin Fondragon, ancien officier de l'armée des princes, ancien grand baillif de la Flandre française, — le comte de Pazzis, — le comte d'Indy, — Wilfrid et Antonin d'Indy, — madame la marquise de Blérancourt, à St-Germain-en-Laye, — MM. Maintenon, concierge, — le comte de Brunet de la Renoudière, fils d'un condéen, ancien élève de l'institution de Saint-Louis, fondée par monseigneur le PRINCE DE CONDÉ, à Senlis, — Réné et Ludovic de Brunet de la Renoudière, — de Corday du Baudry, — Le général Chambray, — de Cayrol, ancien député, — madame la marquise de Pina, à Grenoble, — MM. le comte Emmanuel de Pina, à Grenoble, — de la Morte, chef de bataillon en retraite, chevalier de Saint-Louis, — de Vandeberg, — le comte de Marcellus, — Bayart de la Vingtrie, officier d'artillerie en 1781, — madame Tesson, abonnée de la MODE, — M. Voillet, curé de St-Hilaire-de-Chaléon, ancien porte-drapeau de Charette, — de Gaullier-Lagrandière, ancien avocat-général, — une veuve de Saumur, — madame la marquise Dugon, — M. le marquis Louis Dugon, — mademoiselle Elise Dugon, — M. Henri Dugon, — mademoiselle Joséphine Lefèvre, — MM. le vicomte de Bourbon-Busset, — Branche de Flavigny, chef de bataillon en retraite, chevalier de Saint-Louis, — G. B. F., — Ernest de Brondeau, — Henri de Touchemberg, au nom de son aïeul, le marquis de Touchemberg, officier de l'armée de Condé, tué à l'affaire d'Ober-Kamlach, — le comte Albert de la Rochefoucauld, — le comte d'Aramon, — Louis de Vinfrais, chevalier de Saint-Louis et de la Légion-d'Honneur, — le baron Alexandre de Pardailhan, — madame la comtesse du Cayla, — MM. le vicomte de Castelbajac, à Bagnères-de-Bigorre, — le chevalier de Pansey, ancien officier aux grenadiers de Bourbon, à Tarbes, — le comte de Castelbajac, à Barbazan, — Auguste de Crèvecœur, à Tarbes, — madame la baronne de Pardailhan, — MM. Larouvière de Castillon, — le chevalier de Gisors, — de Narcillac, — madame Cappelet, — Théodore de la Frenaye, — Emile de Savy, ancien garde-du-corps du Roi, compagnie de Noailles, — de Maizod, ancien officier de l'armée de Condé, — mesdames Bouchet, — Rodet, — Clémence Dornier, née Regaud, de Lons-le-Saulnier, — M. Villemot, — mademoiselle Antheaume de Surval, — M. de Frasans, chevalier de Saint-Louis, ancien condéen, — madame la comtesse et mesdemoiselles de Dixmude de Montbrun, veuve et filles d'un officier de l'armée de Condé, à Boulogne-sur-Mer, — MM. Simonneau, — Victor de Breteuil, — madame Le Pippre, douairière,—MM. Frédéric et Alfred Le Pippre, — Ernest et Armand de Massey, — madame Armand de Massey, — MM. Charles-François-Joseph et Nicolas-Joseph de Massey, — Irène Barbey, ancien maire de Corre, — P. J. Camillet, — mademoiselle Mélanie Camillet, — MM. ***, anonyme, de Corre, — du Bois, ancien condéen, maréchal des logis des gardes-du-corps du ROI, — Charles du Bois,

—madame Huvelin Bozon,—mademoiselle V. de M.,'ex-pensionnaire de la liste civile, — MM. ***, prêtre du diocèse de Saint-Dié, — ***, deux ex-gardes-du-corps du ROI CHARLES X, — ***, anonyme de Jussey, — du Houx, ancien officier,— ***, anonyme de Passavant, — madame de Bec-cary, veuve d'un soldat de l'armée de Condé,—mademoiselle de Beccary, sœur d'un émigré, — madame de Saint-Félix, sœur d'un émigré, —M. de Beccary, fils d'un soldat de Condé, — madame de Beccary, — MM. Fran-çois Garde, — Joseph Bayle, — Fortuné Lemore, —le chevalier Bonnet, au plan de Grasse, — le général de Marcy, chevalier de Saint-Louis et des ordres de Saint-Maurice et Saint-Lazare de Sardaigne, frère d'un chasseur noble de la 4ᵉ compagnie de l'armée de Condé, et neveu d'un officier de cavalerie même armée, chevalier de Saint-Louis,—de Marcy, fils et petit neveu de deux condéens,—mademoiselle Puzos,—MM. Leclerc, de Verdun (Meuse), ancien prisonnier d'État pendant quatorze ans, — le comte de Penhouet, — Charles de Malortic, — le baron de Veauce, — le comte Alphonse d'Agout, ancien officier supérieur des gardes-du-corps du ROI, — le comte Gabriel de Turenne,— le chevalier de Jouffrey,— le comte de Jouffrey Villard, — madame la vicomtesse de Geffrard, — MM. de Sou-laine, — le marquis du Luart, — Amédée de Terrasson, — Adolphe de Bonadona, — Vilcocq père, négociant à Autun, — le chevalier de Malor-tic, ancien magistrat, — de Moussac, à Montmorillon, ancien receveur des finances, démissionnaire en 1830, pour refus de serment, — madame de Moussac, — MM. le marquis de Giac, — Boson, de Ham, — Savioz, de Ham, — le vicomte de Foucault, — le comte de Carbonnières, ancien officier de la garde, — mesdames veuve Carville Romby, du Cateau, — de Stade, — MM. Henri de Sandoz, à Cernay (Haut-Rhin), — Charles Yves Félix, de Chantilly, — Félix Yves, de Chantilly, — madame la baronne de Sainte-Avoye, née de Chamoy, — MM. de Sennevoy, — le baron de Muller, ancien maire de Colmar, — Léon de Saint-Maixent, — madame Léon de Saint-Maixent, — M. Nély, de la Haye, chevalier de Saint-Louis, ancien vendéen, ex-chef d'escadron,—madame la comtesse douairière de Jonville, — MM. Lajard, officier supérieur en retraite, chevalier de Saint-Louis et de l'ordre de Saint-Maurice et Saint-Lazare de Sardaigne, — Renault de Chabot, — de Foret, près le Cateau, — le comte de Louvencourt, — Auguste et Alexandre de Couffon de Kerdellech, neveux de deux Condéens, — Constant Lamotte et sa demoi-selle, *de Saint-Leu–Taverny*, — Desbrosses, ancien officier dans l'armée de monseigneur le DUC DE BOURBON, — de Kermoizan, ancien officier de la garde royale,— de Saint-Prix, ancien officier de la marine,—Le Dal de Tromelin, officier de la marine, retraité, — le comte de Prunellé, —

un anonyme de Gien, — M. de Neufville de Bavent, — madame de Sainte-Opportune, — M. de Sainte-Opportune, — madame Midy-Duchauvin, de Rouen, — la princesse Croï d'Havré, — MM. le chevalier de Nays, à Noye, — de la Villehélio. — madame la marquise de Gallard-Terraube, douairière, fille de M. le marquis de Goullet, officier général à l'armée de Condé, — M. le marquis de Gallard-Terraube, — madame la comtesse de Bellissens, — M. Godard de Vaudricourt, ancien mousquetaire gris de la garde du ROI, — mesdemoiselles de Vaudricourt, — M. le marquis de l'Espine, au château de Momblan, — Alexis de la Brugière, ancien capitaine de gendarmerie, démissionnaire par refus de serment, — madame la comtesse veuve de Germiny, — MM. le chevalier de Vallois, chevalier de Saint-Louis, — le comte de Comminges, à Lezat, — Dupré, ancien sous-préfet, — le baron Hue, ancien valet de chambre du ROI CHARLES X, — de Laboulaye, ancien receveur particulier des finances, démissionnaire par refus de serment, — Quarré de Boiry, — Pinet, ancien maire de Cognac, — le chevalier de Ploëuc, émigré, — le colonel de Merlis, — mademoiselle de Coursays, — M. Eugène de Coursays, — madame S. B., — MM. le comte Dupleix de Cadignan, chevalier de Saint-Louis, membre de la Légion-d'Honneur, — Scipion et Delphin Dupleix de Cadignan, — Le Chapellier de Grandmaison, — Le Chapellier de Lavarenne, — mesdemoiselles Anathalie de Lavarenne, — Félicie de Lavarenne, — MM. Cajelot, ancien palefrenier chez S. A. R. monseigneur LE DUC DE BOURBON, — Félix Delbart, ouvrier menuisier, — Victor Pagnout, ancien sous-piqueur chez S. A. R. monseigneur le DUC DE BOURBON, — Louis Mary, ancien maître-maçon de S. A. R. monseigneur le DUC DE BOURBON, — Charles Ducot, de Bordeaux, — madame Kainster, née anglaise, — MM. B. Bague, ancien palefrenier chez S. A. R. monseigneur le DUC DE BOURBON, — Sagnier, ancien garde général des forêts de S. A. R. monseigneur le DUC DE BOURBON, — J. M. Boucher, ancien entrepreneur des bâtimens de S. A. R. monseigneur le DUC DE BOURBON, — le marquis de Seytres-Caumont, — Gustave, Saint-Clair et Léo de Laborde, — madame la comtesse Clémentine de Dormy, — un curé de village, près Beaune, — MM. le marquis d'Auray de Saint-Pois, chevalier de Saint-Louis, — le comte R. d'Auray, membre du conseil d'arrondissement de Mortain, — madame Le Levreur, — MM. Gardin de La Bourdonnaye, de Rennes, fils d'un chevalier de Saint-Louis, ancien officier au régiment de Condé, qu'il suivit dans toutes ses campagnes, — le comte de Bardin, à Saint-Maixent, — madame la comtesse du Plessis, douairière, — MM. le comte du Plessis, — le marquis de Marguerye, à Cosne, — Mesnard de Conichard, — madame Mesnard de Conichard, — M. E. Mesnard de Conichard, — madame Albert

Saint-Hyppolite, — MM. P. N. Le Bert, de Verneuil, ancien officier condéen qui, à l'époque désastreuse de 1830, a eu l'honneur de recevoir les
5 et 6 août, S. M. LE ROI et toute *la famille royale*, lors du voyage
de Cherbourg, — H. de Rancourt Mimerand, — madame de Montréal,
née de Vaucorbeil, à Limoges,—la comtesse de Kersauson, à Hennebon,
— M. Prosper de Condé, ancien chasseur noble à l'armée de Condé, —
madame Hilaire de la Boëssière, — M. Joseph du Cleuziou, juge de paix
démissionnaire en 1830, — madame du Cleuziou, née de Portzamparc,
— MM. Hyppolite, Charles, Eugène, Adrien et Henri du Cleuziou, —
mesdemoiselles Mélitte et Pélagie du Cleuziou, — MM. Émérick Déan,
de Saint-Martin,—le comte Henri de Charnacé, chevalier de Saint-Louis,—
madame Bayart, née de Witte, nourrice de HENRI DE FRANCE,—M. Bayart,
son mari,—*Charles-Ferdinand-Henri-Dieudonné* Bayart, *filleul* de HENRI
DE FRANCE,—mademoiselle Sophie-Aimée-Marie-Caroline Bayart,—M. le
comte de Bourblanc, de Rennes, — madame la vicomtesse Hurtzel d'Ar-
boval, — M. Brulé, à Montreuil-sur-Mer, — madame la baronne de
Fontenay, douairière, — M. le baron et madame la baronne Am. de
Fontenay, — MM. Odet de Fontenay, — Prudhomme, de Chéné, —
mademoiselle Declandes, de la Ferté-Bernard, — deux royalistes de l'arrondissement de Quimper, — MM. de Coussol, ancien condéen, créé
chevalier de Saint-Louis à l'armée des princes et décoré des mains de
monseigneur le DUC DE BOURBON, — Just d'Antin, ancien officier de la
garde royale, — mesdames Just d'Antin, — veuve de Verduzan, de la
Réole, abonnée de LA MODE, — MM. Edouard Berthet, horloger à la
Réole, — Aimé Chomel, fils d'un soldat de l'armée de Condé, — madame de Corday, au château de Pierres, près Vassy, — MM. Edmond de
Bertould, — Bezard, propriétaire, à Montdoubleau, — ***, ancien maire
de Réthel, — J.-L. de J. — le comte de Blancmesnil, — l'abbé Desprez,
ancien curé, — le comte Regnauld de la Sourdière, ancien receveur des
finances, — madame la comtesse de Trogoff, née de Clacy, fille de M. le
vicomte de Laon, vidame de Clacy, chevalier de Saint-Louis, etc., et
officier à l'armée de Condé, — MM. le vicomte de Carrière, — le comte
et madame la comtesse de Chasteigner, — madame P. Astruc, femme de
M. V., maire de Saint-Cloud, sous le ROI CHARLES X,—MM. le comte du
Guiller, au château du Guiller, par Broons (Côtes-du-Nord),—le vicomte
du Guiller, aux Vergers, près Hugon (Côtes-du-Nord),—madame la vicomtesse de Rancourt, — M. le marquis de Richard d'Yvry, chevalier de
Saint-Louis, à Beaune (Côte-d'Or), — madame la comtesse de Saint-
Vallier, abonnée de LA MODE, — MM. Echette, ancien employé de
S. A. R. monseigneur le DUC DE BOURBON, — Landry, fabricant de den-

telles, à Chantilly, — Médéric de Couville, — Postel, docteur-médecin, à Ivry-la-Bataille, — le baron de Lambot, ancien aide-de-camp de S. A. R. monseigneur le DUC DE BOURBON, — madame de Terrasson, — MM. Meyer, à Bordeaux, — Nibelle, — madame veuve Daugé, gardienne des Blancs-Manteaux, — MM. Laville, libraire, — Eugène Dupuis, — Fisanne, ex-employé à la maison militaire du ROI CHARLES X,—madame de Palliquerville,—M. Duroux, ancien sous-officier de la compagnie française, garde du prince de Condé, venu deux fois en France pour le recrutement de ladite armée, — un royaliste, — MM. J. P., ex-sous-officier de la garde royale, — Clément, royaliste à vie, — Auburtin jeune, ancien employé à la maison de S. A. R. monseigneur le DUC DE BORDEAUX, — MM. Frossard, royaliste à vie, — le marquis de Héere, — le marquis de Rochetheclon, — de Bienville, chevalier de Saint-Louis, ancien capitaine de dragons au régiment DE BOURBON, — madame la vicomtesse Maximilien de Matherbe, née de Colombes, — MM. Revel, curé de Saint-Pierre-la-Ville, — Louis Dufour, meunier, — Charles Remond, à Chartres, — le baron de Blumenstein, — le marquis et madame la marquise de Roze, — MM. Brunet de la Salle, — Le Prévost de la Blosserie, — mademoiselle Léonie Le Prévost de la Blosserie, — MM. Sylvain Caubert,—Javon, ancien magistrat,— Paquier, ex-secrétaire d'état-major de la cavalerie légère de la garde royale, — mesdames de Moucheton, née de Souiville, veuve d'un ancien condéen, chevalier de Saint-Louis, — de Saint-Vincent, née de Souiville, veuve d'un ancien garde-du-corps de S. M. LOUIS XVI, chevalier de Saint-Louis, — MM. le marquis de Lentilhac, — le comte Louis de Trecesson de Saint-Loup-d'Ordon, chevalier de Saint-Louis, ancien condéen, — Pierre-Gabriel Roy de la Chaise, — Georges Thomé de Saint-Cyr, chevalier de Saint-Louis, soldat de l'armée de Condé, —une abonnée de LA MODE. — MM. de Belleval, avocat, — de Rochefont, ancien chef d'escadron, — Du Gabé, député, — le baron et madame la baronne du Tillet, — MM. Alexis Pissonnet de Bellefond, — Paul Pissonnet de Bellefond fils, — Maugé, — mademoiselle Dubos, — MM. Ch. de B., ancien capitaine de la garde royale, — Joye, ancien serviteur de la maison du ROI, — Louis de Chamisso, chef d'escadron, ex-maréchal-des-logis des gardes du roi, — un anonyme de Sainte-Ménehould (Marne), — MM. le comte de Maussabey, — Dauverd, dit Boniface, ayant fait toute l'émigration, — Henri Dauverd, son fils, filleul de S. A. R. monseigneur le PRINCE DE CONDÉ, — le duc d'Avaray, — Regnier, — Durand aîné, ancien adjoint au maire de Brienon-l'Archevêque, — Deroy, dessinateur, — de Pehu, chevalier de Saint-Louis, ancien condéen, — madame Boscary de Romaine, — MM. le comte Ludovic de la Tour du Pin, — madame veuve Déan, — MM. Déan de Luigné, — Terrasse de Tessonnet, neveu de M. le comte Terrasse de Tessonnet, premier aide-de-camp de S. A. R. monseigneur le PRINCE DE CONDÉ, — de Larroux, capitaine de cavalerie en retraite, chevalier de la Légion-d'Honneur, — madame de Larroux, née d'Auxion, — mademoiselle Marie de Larroux, — MM. E. Mennechet, — B.-M. V***, maire de Saint-Cloud, sous CHARLES X, — le vicomte Oscar de Blou, — Emilien de Beschart, fils et petit-fils de condéens, — madame la comtesse de l'Authonnye, veuve d'un condéen, — MM. le baron de Bosmelet, — le comte de Saint-Victor de Tournebut, — le comte Léopold Colomb de Battine, — le comte Roger de Montesson, — le marquis de Courceval, — le comte Alexandre de la Girouardière, — le marquis de Montesson, — le chevalier de la Girouardière, — Adolphe Lanier, libraire, au Mans, — Jean-François-Marc-Pierre-Pompone-Auguste de Jaubert de Saint-Pons, fils d'un condéen, — Honoré Pérolle, — Jean-François Hugues, — Henri Bayle, — Joseph Robert, — Achard, instituteur, au hameau du Pian-de-Grasse, — A. Raybaud, à Eyguières, — madame de Lagrandville, née de Villiers, veuve du député de ce nom à la chambre de 1825, — MM. le baron de Conhoven, ancien volontaire royal, — de Cuzey, conseiller de préfecture des Ardennes, démissionnaire de 1830, — Darodes du Tailly, — Grellet du Peyrat, chevalier de Saint-Louis et de la Légion-d'Honneur, lieutenant-colonel et ingénieur en retraite, ancien officier de l'armée de Bourbon, — madame la comtesse de Jaubert, de Mézières (Ardennes), MM. Camus Laurent, de Charleville, — le chevalier Jean-Baptiste de Gentil, ancien condéen, — le baron d'Olce, — de Monval, — Mène, — Joyau, avocat délégué des établissemens dans l'Inde, — Frédéric de Brunville, ancien soldat de l'armée de Condé, lieutenant-colonel en retraite, — Eugène de Brunville, — Dufeugray, ancien préfet, — mesdames Defresnes, de Mortagne, — Dubreuil, de Saint-Hilaire, — de Longueil, de Mortagne, — mademoiselle Marie de la Boque, de Mortagne, — MM. de Landais, chevalier de Saint-Louis, officier supérieur, ancien condéen, — Blanchet, avocat, — de Moriol, — le vicomte d'André, — R. de Sambœuf, chevalier noble au 2ᵉ régiment de l'armée de Condé et maréchal-des-logis des gardes-du-corps de LL. MM. LOUIS XVIII et CHARLES X, — mademoiselle Henriette de Planier de la Sablière, à Tours, — mesdames la comtesse de la Martizière, à Bourg, — de Varonge, — M. de Normandie, — madame la marquise de la Villette et son fils, — MM. le comte Arthur de Bouillé, — Louis Ragueneau, — Théodore Chauveau, — Louis Chauveau, — Honoré Brouard, — Romain Portarieu, — le marquis de Senonnes, — le comte de Senonnes, — le vicomte de Senonnes,

— François-Louis Guyton, avocat, à Autun, — un anonyme, à Autun, —
MM. Pignot Chaulon, juge-de-paix, démissionnaire, par refus de serment, en 1830, — Lhomme de Mercey, chevalier de Saint-Louis, ancien
condéen, — le marquis de Bellenave, de Moulins, — Bayon, de Moulins,
— madame Thuillier-Bron, d'Amiens, — MM. Vaillant, d'Amiens, — le
baron d'Anvin-Hardenthun, ancien garde-du-corps de S. M. CHARLES X,
compagnie du Luxembourg, — Barthélemy, de Vesoul, — le comte de
Rotalier, maréchal-de-camp, — le comte Ernest de Rotalier, — Lesnes,
capitaine de cavalerie sous CHARLES X, démissionnaire, — Henri Sar-
tiaux, clerc de notaire, — Jules Morcreto, — le baron de Montfleury, —
de Brujas, — Maujac de Sardan, — O. Turge, — Eustache de Féligonde,
— le marquis Duroc de Brion, — le marquis de Saint-Amand, — de
Bezannes, — le comte de Nazelles, — le marquis de Courtarvel, pair de
France, — Amédée Jauge, — F. de Beaupuy, chevalier de l'Ordre royal
et militaire de Saint-Louis et de la Légion-d'Honneur, ancien condéen,
— le marquis de Carbonnier de Marzac, arrière-petit-fils de *Jean-Bart*,
— le marquis Paul de Marzac, — le vicomte de Labarthe, — le baron de
Roque, fils et neveu de condéens, — Auguste Damas, adjudant aux gardes
à pied, — le comte de Francheville, ancien colonel, — madame la comtesse de Blau, née de Curzay, veuve d'un officier supérieur de l'armée de
Condé, chevalier de Saint-Louis, — M. le comte et madame la comtesse
de Brunville, — M. le baron Théophile de Marignan, — madame la comtesse de Balore, — mademoiselle de la Roche, — MM. de Beaunay, chevalier de Saint-Louis, chasseur-noble de Condé, — le vicomte du Tertre,
maréchal-de-camp, commandeur de la Légion-d'Honneur, chevalier de
Saint-Louis et de Saint-Ferdinand, ancien député, — du Chalard, ancien
officier de l'armée de Condé, — madame la vicomtesse de Melville, née
Brossin de Méré,—MM. le duc de Lévis,—le comte de la Villegontier, pair
de France, premier gentilhomme de S. A. R. monseigneur le DUC DE
BOURBON, — le vicomte de la Villegontier, gentilhomme ordinaire de
S. A. R. monseigneur le DUC DE BOURBON, — mesdames Estelle de Wat-
mann, née baronne de Malcamp de Beaulieu, — Aymard de Clercy, née
de Montenant d'Auffay, — MM. le marquis de Bouclans, — Emilien Le
Brun de Blon, fils d'un lieutenant-colonel en retraite ancien condéen, —
Sérieux, — Matheu, adjudant sous-officier des gardes-du-corps du ROI, —
Boutard, ancien employé de monseigneur le DAUPHIN,—le vicomte Alfred
de Soussay,— le marquis de Villefranche, pair de France, démissionnaire
en 1830, — le comte Eugène de Villefranche, son fils, — madame Le
Serrurier, — M. Chedel, — madame Buache, — mesdemoiselles d'Arcy,
— Farochon, — mesdames la comtesse de Roth, veuve de M. le comte

de Roth, ancien officier de l'armée de Condé, — de Chabot de Tréon, — de Combaud, — MM. le vicomte de Saintenac, ancien député, — le comte Rodolphe de Baillon, — le baron Léopold de Conny,— Guérin, — le baron du Bouzet, arrière-petit-neveu de M. le comte du Bouzet, gouverneur de monseigneur le PRINCE DE CONDÉ, père du dernier DUC DE BOURBON, — Louis Monet, ex-caporal au 3ᵉ régiment de la garde royale, — Jacobé-Desclauzets, chevalier de Saint-Louis, ancien capitaine au régiment de Beauvoisis, fourrier aux chasseurs-nobles de Condé, — E. Fouquet, — madame d'Emonville, — MM. d'Aviaut de Piolant, chevalier de Saint-Louis, ancien condéen, — Bernard de Marigny, — Gabrielle Bernard de Marigny,— le chevalier Casimir d'Hérisson, officier supérieur de cavalerie, chevalier de plusieurs ordres, — Vergnies Bouischère, à Cabre, — le baron et madame la baronne de Chandenier, — madame la marquise de Cateulan, douairière, — MM. le marquis de Livet de Barville, — Adolphe d'André, — Edouard d'André, — Beaugeois, au Palais-Bourbon, — mademoiselle Paul, au Palais-Bourbon, — un chevalier de Saint-Louis, ancien officier au régiment d'Enghien et ancien fourrier à l'armée de Condé, — MM. de Reverseaux, — le prince Charles de Lowenstein, — le comte de Villoutreys, — madame * * *, veuve d'un ancien serviteur de monseigneur le PRINCE DE BOURBON, — MM. le baron de Pignol, ancien sous-préfet, — le vicomte François de Vaux, chevalier de Saint-Louis, à Feuilletier (Haute-Loire), — le baron de Franclieu, capitaine de vaisseau en retraite, ancien officier de l'armée de Condé et aide-de-camp de S. A. R. monseigneur le DUC DE BOURBON, — madame la comtesse Aglaé de Franclieu, fille du comte de Franclieu, officier général, aide-de-camp et gentilhomme de S. A. R. monseigneur le DUC DE BOURBON, — M. le comte de Bérard, — madame la comtesse de Bérard, née de Franclieu, — MM. le marquis de Turenne, — Labouret frères, d'Angoulême, — le comte Léon d'Anglars, — Pélecier, ancien directeur des postes, — madame veuve Durocher, de Marseille, — MM. le général Bardelin, garde-du-corps de LOUIS XVI, rentré en France avec LOUIS XVIII, officier supérieur dans la maison de ce monarque et du ROI CHARLES X, — le vicomte de Lapeyrade, — mesdames Chambosse de Longchamps, — Soucelier de la Tour, —de Vilieu, née Corcelles, — mademoiselle de Burgat (Joséphine), fille et nièce de condéens, — MM. Philippe Lardet, ancien maire de Meursault, sous la restauration, et membre du conseil d'arrondissement, — Joseph d'Andigné, officier au 4ᵉ régiment de la garde royale, démissionnaire en 1830, — le vicomte de Saisy, officier supérieur de l'armée royale de Bretagne, en 1815, — le marquis de Montmort,— le marquis de Panette, ancien soldat de l'armée de Condé, ancien

officier supérieur, chevalier de Saint-Louis, — madame la baronne Clémence
C. de B., — MM. Cara de la Batie, chevalier de Saint-Louis, ancien officier de l'armée de Condé, — Jacques-François Chapouton, propriétaire à
Grignan (Drôme), — de la Raye, de Poitiers, — le chevalier Esmangart
de Bournonville, — madame Manoury, veuve d'un ancien valet de chambre de S. A. R. monseigneur le DUC DE BOURBON, — M. et madame de
Basmont, — MM. de Puy d'Anché, chevalier de Saint-Louis, colonel en
retraite, — le comte de Couteilles, maréchal-de-camp, — le vicomte de
Couteilles, — de Lagarde, neveu de M. des Huttes, victime des 5 et 6 oc-
tobre, et ancien officier de la garde royale, — Auguste d'Anglade, frère
d'un chasseur noble de l'armée de Condé, mort au champ d'honneur d'Ober-
Kemlach, — le vicomte de Blesbourg, ancien condéen, ancien officier supérieur des gardes-du-corps du ROI, — le marquis de Lalande, — le comte
Arthur de Lalande, — A. Lahirigoyen, — Mouton de Harnois, de Meudon,
— M. le comte et madame la comtesse de la Suze, — MM. de Corday, ancien garde-du-corps, — Louis de Mecflet, — le comte de Grivesne, —
madame la comtesse de Grivesne, — mademoiselle La Fite de Pelleporc, —
MM. le chevalier du Teil, — un abonné de la *Gazette de France*, — Fos-
seyeux, de la Rochette, — Félix de Dartein, à Strasbourg, — le vicomte
de Berthoult, ci-devant officier au 1er régiment d'infanterie de la garde
royale, — le marquis de Berthoult, ancien capitaine de dragons, chevalier
de Saint-Louis, — Chomereau, officier de l'ex-garde royale, — madame Lamy, marchande, à Lons-le-Saulnier, — MM. le comte de Mont-
mol, — le vicomte Jules de Gualy, — Louis de Gualy, chevalier de Saint-
Louis, — les trois frères de Longuiers, ex-gardes-du-corps de S. M.
CHARLES X, — madame la comtesse de Chazeron, à Moulins, —
MM. Foué, ancien maire de Vichy, à Moulins, — Bertet, d'Avignon, —
Athénoly, d'Avignon, — le comte Valleton, d'Avignon, — le comte de
Pontmartin, d'Avignon, — Auguste de Cantel, ancien officier supérieur
au 8e régiment de dragons, chevalier de Saint-Louis, de la Légion-
d'Honneur et de l'ordre de Saint-Ferdinand, d'Espagne, — Bourdeau, de
Fontenay, — mesdames la comtesse de Chantemesle, — de Lacroix-Du-
repaire, — M. de Blanville, — mesdames Truffaut, née Caubert, — la
marquise de Sanzillon du Lieu-Dieu, née de Chabans, veuve d'un émigré,
chevalier de Saint-Louis, — la comtesse de Cumond, née de Sanzillon,
fille d'un émigré, chevalier de Saint-Louis, — MM. le baron Hugues du
Teil, à Epernay, et son fils, — Bigault de Casanove, d'Epernay, et son
fils, — Henri Paris, à Epernay, — Eugène Dechoux, — J.-B. Moirez
Jourdain, — Leclère père et fils, attachés à la maison de S. A. R. monseigneur le DUC DE BOURBON, — Picart, ex-concierge à Morfontaine, pro-

priété du prince de Condé, — de Guéroust de Boisclaireau, ancien page du prince de Condé, en 1765, — un inconnu, — un prêtre du diocèse de Cahors, — MM. de Lallez père, — de Boisguilbert, — le chevalier de Gigord, à Joyeuse, — madame de Pradines et M. le baron Maxence de Castillon, son petit-fils, à Aix, — MM. le baron de Clarac, — de Merval, — le comte Hippolyte de Bernys, — un anonyme de Provins, — le baron de Carondelet, — Louis Pannetier, ancien palefrenier de S. A. R. monseigneur le DUC DE BOURBON, à Chantilly, — Ferdinand Barbet, fils de M. Félix Barbet, ancien concierge des écuries de S. A. R. monseigneur le DUC DE BOURBON, était soldat dans l'armée de Condé, — de Blanchard du Val, vieux soldat, chevalier de Saint-Louis, de Saint-Ferdinand et de la Légion-d'Honneur, sans fortune ni retraite, après plus de trente-six ans de services effectifs, — Maque, serrurier, — Auguste de Bonald, chevalier de Saint-Louis, vieux soldat des Condés, qui a combattu à Berstheim, — madame veuve Paulin, veuve de M. Paulin, ancien serviteur de S. A. R. monseigneur le DUC DE BOURBON, ayant cinquante-huit ans de services près de S. A. R. et arrêté avec le duc d'Enghien à Attcheim, — MM. le baron de Bretonnière, — de Bertengles, témoin forcé compris dans le procès du général Georges Cadoudal, — Eugène, Auguste et Alexandre de Lassalle fils, — une abonnée de LA MODE, — MM. de Picquot, ancien page du duc de Penthièvre, volontaire de Biou, soldat de l'armée de Condé, chevalier de Saint-Louis et de la Légion-d'Honneur, — Sosthène de Picquot, trésorier de St-Joseph, — Charles de Graveron, — de Sainte-Croix, — Alfred de Chanay, à Strasbourg, — Sébastien Will, curé, — Roché, médecin, de Toucy, — de Gagny, officier en retraite, de Toucy, — Jaluzot, de Toucy, — un anonyme, de Toucy, — MM. Ph.-B. de Grandpré, — Méfredy, du Var, — Victor de Rosières, chevalier de Saint-Louis, — de Cargouet, à Lamballe, — Marcel Morin de la Villecorhen, chevalier de Saint-Louis, à Lamballe, — René Florian Le Mintier, chevalier de Saint-Louis, à Launay, — Un ancien officier de l'armée de Condé, à Bourg, — Un octogénaire anonyme, de Clermont, — MM. Roy, ancien grenadier de Bourbon à l'armée de Condé, — le comte Emmanuel de Quinsonas, — madame la marquise de Chabans de la Chapelle-Faucher, veuve d'un soldat de l'armée de Condé, — MM. le marquis de Chabans, fils d'un soldat de l'armée de Condé, — le vicomte de Saint-Légier, — madame la vicomtesse de Saint-Légier, née de Chabans, fille d'un soldat de l'armée de Condé, — M. Adhémar de Saint-Légier, petit-fils d'un soldat de l'armée de Condé, — d'Elbouville de la Châtre, brigadier des gardes-du-corps du ROI, compagnie écossaise, et, dans l'émigration, lieutenant au régiment d'Hohenlohe depuis 1794 jusqu'en 1801, chevalier de Saint-Louis et de l'ordre du Phénix d'Hohenlohe, — Gigord, chevalier de l'ordre royal et militaire de Saint-Louis, — le maréchal comte de Bourmont, — le comte Charles de Bourmont, — le marquis de La Rochejaquelein, député, — le marquis de La Bourdonnaye, député du Morbihan, — le marquis de Kercado de Molac, — les Membres de l'ancienne association paternelle de l'ordre royal et militaire de Saint-Louis, de l'arrondissement d'Abbeville (Somme), — madame veuve Poussin,—une femme de chambre,— M. Henry, employé, — mademoiselle Claire de Saint-Vincent, fille d'un chevalier de St-Louis, — madame veuve Cuzani, — MM. de Saulcy, chevalier de Saint-Louis, ancien condéen, — Jean Schutz, — Nicolas Schutz, — François Schutz, — de Marquisan, ancien capitaine de vaisseau de la marine royale, chevalier de Saint-Louis, — madame de Marquisan, — MM. B. de Cleressy-Rumoules, ancien officier de marine, — Edouard de Cleressy-Rumoules, — Abel Lamotte, négociant, au Havre, — madame Abel Lamotte, née Cavalier, — M. le chevalier Pétré, chevalier de Saint-Louis, — madame Pétré de Vauquelin, — MM. le chevalier Planchard, chevalier de Saint-Louis, — le baron de Costa, — mesdames de Fieux Montaunet, née de Gimel, — la comtesse L. de Gimel, — mademoiselle de Corn, fille d'un chevalier de Saint-Louis, — MM. de Laulanié de Sainte-Croix, cavalier noble à l'armée de Condé, chevalier de Saint-Louis, à Bertheim, — le vicomte de Chaunac de Lanzac, lieutenant-colonel de cavalerie, — le marquis de Saint-Georges, à Moulins (Allier), — madame la comtesse Depierre, veuve du comte Depierre, chevalier de Saint-Louis, capitaine de vaisseau, ayant servi dans l'armée de Condé, — MM. le colonel O'Neil, en retraite, — Prosper Tirard, de Vassy (Calvados), — madame la comtesse Hyacinthe de Cussy, — MM. le vicomte F. de Cussy, — Barallon, ex-aumônier du 8e de ligne (colonel, feu le fidèle comte de Salperwich), — mesdames la marquise de Vaucocour, — de Villantroys, née de Vaucocour, — MM. le vicomte d'Assas, contre-amiral en retraite, chevalier de Saint-Louis, au Vigan (Gard),— Dumont, de Sonnas, — A. Panchioni, maître de musique, à Fumel, — le comte Fages de Rochemures, — M. et madame Alfred de Caix, de Quesnay, — MM. le comte de Maucler, — le chevalier de Chevanne-Robert, ancien officier supérieur, chevalier de Saint-Louis et de la Légion-d'Honneur, promotion de juillet et décembre 1814, — de Kerguezec, au château de Kérieuff, près Pontrieux, — Marie H. de Rotalier, à Dijon, — Charles Domergue, — un ancien serviteur de S. A. R. monseigneur le PRINCE DE CONDÉ, — M. Englebert, ancien garde suisse, — une dame, veuve d'un chevalier de Saint-Louis, ancien officier au régiment de Condé (infanterie), — MM. Garnier, rentier, à Saint-Germain-en-Laye, — le chevalier de Rivoire, ancien officier de l'armée, — madame Garnier de Saint-Just, — MM. Raymond Singla, propriétaire, à Rivesaltes (Pyrénées-Orientales), — Gustave de Linage,— mademoiselle R...., — M. de Pasquier, chevalier de Saint-Louis, capitaine au régiment des grenadiers de Bourbon à l'armée du prince de Condé, — mesdames de Pasquier, nièce de condéen, — Verger, nièce de condéen, — Marie Verger, nièce de condéen, — MM. Henri et Victor Verger, neveux de condéen, — le chevalier de Conte, — madame la marquise de Toustain, veuve de M. le marquis de Toustain, ancien officiergénéral, — mademoiselle Camille de Nieuil, — MM. Eugène de Cossette, ex-garde du corps du ROI CHARLES X, fils de M. le comte de Cossette, capitaine au régiment colonel-général (infanterie), sous les ordres de S. A. R. monseigneur le PRINCE DE CONDÉ, — le comte Amable de Bértault, — madame du Couëdic, née du Cosquer, — MM. F. du Couëdic, maire de Lorient sous la restauration, — Mallard de Lavareude, ancien officier d'artillerie, lieutenant-colonel, chevalier de Saint-Louis et de la Légion-d'Honneur, ancien député de Bonneville, près Broglie (Eure), — mademoiselle de Fresne, petite-nièce de M. le comte d'Apchon, ancien gouverneur de S. A. R. monseigneur le DUC DE BOURBON, — madame la baronne de Verton, — MM. Théodore de la Mazelière, — le vicomte du Crozet, — Emmanuel Brachet, brodeur sur canevas, — les Ouvrières de M. Emmanuel Brachet, — MM. Poncet, docteur en médecine, à Dijon, anciennement attaché auprès de la personne du loyal, valeureux et excellent prince si lâchement assassiné dans les fossés de Vincennes, — Bardel, horloger, — Poincillon, volontaire royal, — Maynard de Saint-Michel, — Louis, Joseph et Edouard de la Margé, fils de condéen, — le marquis de Lauthoin, ancien condéen, — de la Bastide, chevalier de Saint-Louis, ancien condéen, — Elie de Raffin, fils de condéen, — le marquis de Roquemaurel, — Anselme, ex-garde du corps, d'Avignon, — de Bouchonny, d'Avignon, — de Fresquière, d'Avignon, — de Bérard, ancien officier supérieur des gardes-du-corps du Roi, l'un des fourriers de la cavalerie noble de l'armée de Condé, — le comte de Laporte-Isertieux, — Gérard, — mademoiselle Lenormand de Victot, à Lisieux, — MM. le baron de Batz, — Edmond de Batz, — Hubert de Marignan, — A...., vendéen, ex-gérant de LA MODE, fils du secrétaire-général de Charette, — le comte de Chambost, propriétaire, — mademoiselle de Bovet, propriétaire, — M. M***, propriétaire, — mademoiselle Marguerite de Sanzillon, de Saint-Jory, — MM. Léon de Clock, ex-sous-préfet, — le vicomte Labbey, chevalier de Saint-Louis, à Falaise. — Videlange, chevalier de Saint-Louis, — le marquis de Croismare, — madame la comtesse de Pestalozzi, — MM. le marquis d'Ecquevilly, lieutenant-colonel en retraite, neveu du lieutenant-général marquis d'Ecquevilly, major-général de l'armée de Condé, — le comte de Jonville, — Charles de Colombe, — madame veuve Mondom, propriétaire, à Chantilly, — MM. Alban de Vroil, — le chevalier de Joyebert, de Nancy, — madame Hocquey, née de Neuvry, de Nancy, — les Élèves d'une classe de rhétorique, — MM. Albert de Burgat, élève à l'institution d'Oullens (Rhône), petit-fils et neveu de trois condéens, — le marquis de Lauthoin, chevalier de Saint-Louis, lieutenant au 5e escadron du régiment de dragons d'Enghien à l'armée de Condé, — de la Balmondière, de Mâcon, — madame veuve de la Balmondière, de Mâcon, — MM. de Lambert d'Hernoux et son fils, — J.-Ph. A. d'Herval, propriétaire, — Hippolyte Cristol, officier démissionnaire en 1830, par refus de serment, — Jules Causse, avocat-général démissionnaire en 1830, avocat du barreau de Béziers, — madame veuve de Toyon, née de Pindray, d'Angoulême, fille, belle-fille et nièce de condéens, chevaliers de Saint-Louis, ayant fait toutes les campagnes de l'armée de Condé, — MM. le baron de Gohr, de Wattwiller, — Xavier Kohler, propriétaire, à Colmar, — M. et madame Charles de Boisguehenneuc, de Kerlaouën, — M. le chevalier de Godet, colonel en retraite et ancien officier supérieur de la garde royale, — madame la comtesse Antoine de Germiny (2e souscription), — MM. d'Arnaud, ancien garde-du-corps, chevalier de Saint-Louis et ancien condéen, — Saint-Ange Trutat, — Laprost, fils d'un garde-forestier du prince de Condé, — de Moucheton-Gerbrois, ancien condéen, chevalier de Saint-Louis, — madame de Moucheton-Gerbrois, née Dufresnoy, — M. le vicomte de Clacy, fils d'un condéen, — mademoiselle Louise Foy, de Genève, — madame de Lambert, née de Gourgas, — MM. Armand de Granier, — Bardon, ancien magistrat, à Pamiers (Ariége), — le baron de Villemarest, — le baron de Torcy, — le chevalier Adolphe des Coudrés, — de l'Escale, de Saint-Dizier, — Th. de Sainthorent, — le baron de Wasservas, pour son père, ancien commissaire-ordonnateur des guerres, à l'armée du duc de Bourbon, — madame Compain, veuve d'un royal dragon, mère d'un moine des Camaldules, à Rome, — M. Auguste Compain, attaché aux maisons du roi CHARLES X et des princes, — mademoiselle Compain, sœur de l'entrepreneur de l'éclairage des princes, — MM. de Cyresme de Bonville, ancien chasseur noble, chevalier de Saint-Louis, — Terray, — Karlschræder, — Adolphe de Lonchamp, — madame la comtesse d'Apchier, — la comtesse de Plinval de Bergères, — MM. le baron Gustave de Plinval, — Dufour de la Tuillerce, chevalier de St-Louis, à Séez, — le comte de la Rocheneglü, — Joseph de la Madelaine, à Chabrignac, — Tretot, ancien maître imprimeur, propriétaire, à Saint-Dié, — le marquis de Montaigu, ex-officier de cuirassiers de la garde royale, — Maxime Duverdier de la Sorinière, à Dampierre, — Ludovic Carré de Bray, à Autry (Loiret), — Poursin-Longchamp, ancien officier de l'armée de Condé, chevalier de Saint-Louis, à Seigneley, — Pierre Lemarié, ancien serviteur de Mgr le DUC DE BORDEAUX, — le vicomte de Saint-Hilaire, — mesdames la baronne de Marignan, fille unique du contre-amiral comte de Blachon, condéen, — la comtesse Sophie de Puget, chanoinesse de Saint-Jean-de-Jérusalem (Malte), petite-fille de S. A. S. Mgr Charles de Bourbon-Condé, comte de Charolois, — MM. le chevalier de Beurges, de Ville-sur-Saulx, ancien officier supérieur de cavalerie, — F. Jannon, ancien adjoint au maire du 4e arrondissement, — de la Cour, ancien capitaine de cavalerie, — madame de la Cour, née de Bodenat, — MM. le vicomte de Coulogue, ex-officier de cavalerie, — un anonyme de Collemiers, — M. P. Mathé-Dumaine, avocat, adjoint au maire d'Angoulême sous la restauration et démissionnaire en 1830, — madame de Saint-Priest, née de Roquart, — MM. le comte de Gaste, — de Gaillard-Lavaldène, neveu, frère, beau-frère, gendre d'émigrés, chevaliers de Saint-Louis, — de Girard-Maisonforte, émigré, reçu chevalier de Saint-Louis par le prince de Condé en 1801, dernier licenciement de l'armée des princes qu'il n'avait jamais quittée, — Henri de Vroil, — Bijon, régisseur des bois de M. le prince de Montmorency, à Seigneley, — le marquis de Charnacé, chevalier de Saint-Louis et ancien condéen, — Joseph-Antoine de Jaubert-Saint-Malo, chevalier de Saint-Louis, chef d'escadron, écuyer de S. A. R. madame la princesse de Bourbon, épouse de l'infortuné duc de Bourbon, — mademoiselle Adélaïde-Louise de Jaubert, — MM. Girard, — Bert, — Raymond, — André, — le comte de Brossia, de Dôle, — F. Le Mairot, — le comte de Grivel, — Royer de l'Ouest, ancien officier sous l'empire et capitaine sous la restauration en 1830, — Barrat, à Auxerre, — M. de Fins, — un anonyme du canton de Marines, — madame veuve de Gras, née de Couffon de Kerdellech, fille d'un garde-du-corps du roi LOUIS XVI, compagnie de Luxembourg, qui fit les campagnes dans l'armée des princes, dans l'armée de Condé jusqu'au licenciement, et mourut dans l'exil, — Prosper de Barrigues de Fontainieu, de Marseille, capitaine de vaisseau en retraite, chevalier de Saint-Louis, — mademoiselle Victoire de Comeillau, de Saint-Germé (Gers), — MM. le vicomte de la Landelle, — Edouard de Conny, — le comte d'Armanville, ancien colonel de cavalerie, chevalier de Saint-Louis et de la Légion-d'Honneur, — Adolphe de Finance, garde-du-corps de S. M. LE ROI CHARLES X, compagnie de Luxembourg, — Auguste et Victor de Finance, — le baron Alfred de Jessé, à Béziers, — Dehau de Staplande, propriétaire, à Dunkerque, — Joseph Dourlon, négociant, à

Dunkerque, — Antoine-Amédée, comte d'Espinay Saint-Luc, — Jules-Antoine, vicomte d'Espinay Saint-Luc, — le comte d'Oreaux, officier à l'armée de Condé, chevalier de Saint-Louis, — madame la comtesse de Botherel, née de Bernard de Calonne, belle-sœur de l'ancien procureur-général, syndic des Etats de Bretagne, et ses enfans, Emmanuel et Louise de Botherel, — MM. le baron de Lagrange, d'Amiens, — de Navier, chevalier de Saint-Louis, d'Amiens, — la veuve d'un chevalier de Saint-Louis, de Bordeaux, — un anonyme, de Bordeaux, — un abonné, de Bordeaux, — André, — L. Bénard, ancien sous-officier, — A. Bénard, — Baulard, — Gaspard Lavisé, — mademoiselle Saget, — MM. Buffetaud, tailleur de pierre, — un employé, obligé de taire son nom pour cause, — Pillard, — L. Angély, serrurier. — Flot, ouvrier horloger, — Jean-Pierre Touzot, — Boudriot, — Monnier, — six ouvriers imprimeurs, — MM. C. Valfin, — Lehumacher, ex-adjudant aux gardes à pied, — Demarsy, — Chalay, — Ferauty, — Daugé, — Dufauri, — Frai, — Gautier, — madame de Bodinat, née de la Trollière, à Moulins, — mademoiselle Adèle de Bodinat, à Moulins, — M. des Colombiers, à Moulins, — mesdames Bun, née de Montbrun, à Hesdin, — la marquise de Maisonfort, née de Gascoing, de Berthum, à Beffes, — MM. le comte H. de Pons, à Berthum, — le vicomte Nestor d'Andert, — de Milleville, chevalier de Saint-Louis, — un émigré dont le père était à l'armée de Condé, — MM. Mion, ex-employé des contributions indirectes, — du Tertre, chevalier de Saint-Louis et de la Légion-d'Honneur, — madame Deschamps Duméry, née de Sarcus, — mesdemoiselles Deschamps Duméry, — de Baglion, — M. de Brunville, — madame de Rouffigny, veuve d'un ancien condéen, — M. de Rouffigny, fils d'un ancien condéen, ancien garde-du-corps de Louis XVI et chevalier de Saint-Louis, — madame d'Argencé, née de Rouffigny, fille d'un ancien condéen, — MM. le comte Chaton des Morandais, officier de la garde royale, fils d'un officier de l'armée des princes, — P.-A. Latapie, ancien condéen, — madame Olympe Puchois, couturière, — mesdemoiselles Stéphanie Grosjean, couturière, — Louise Callaud, fleuriste, — MM. Augustin de Villeperdrix, à Pont-Saint-Esprit, — Louis de Villeperdrix fils, à Pont-Saint-Esprit, — Armagis, abonné à LA MODE, — J. D..., ancien chasseur noble à l'armée de Condé, — du Colombier, ancien maréchal-des-logis de S. M. le ROI CHARLES X, — le chevalier de Signy, éditeur de la *Vie de Marie-Thérèse,* — le comte Ogier, ex-capitaine de cavalerie, — mademoiselle Adèle de Lafare Lopez, — M. Hippolyte de Riouffe, — mesdames la comtesse de Vareilles, de Poitiers, — la vicomtesse de Pavant, — M. le comte Jules de Vougy, — madame de Chenelletty, — M. Frédéric Desgouttes, — mesdames la marquise de Roucherolles, — la marquise de Fénélon, — M. le comte de Reneville, — madame la comtesse de Revol, à Bougé (Isère), — MM. d'Agier, officier à l'armée de Condé, régiment de Bourbon, chevalier de Saint-Louis, — Gustave de Graverin, — de Combettes-Labourelie, neveu d'un condéen, — madame de Combettes-Labourelie, — M. de Combettes-Duluc, fils d'un chasseur noble de Condé, — madame de Combettes-Duluc, fille d'un officier-supérieur de l'armée de Condé, — MM. le comte d'Huteau, — d'Yversen de Saint-Fons, ancien maire de Gaillac, parent d'un condéen, — Quris, — Jean-Joseph Benoît, chevalier de l'Ordre royal et militaire de Saint-Louis, chasseur noble à l'armée de Condé, né à Grasse, — le vicomte de la Myre, à Grivesnes, — Dallé, libraire, à Paris, — le comte Bernard de la Frégeolière, ancien officier-supérieur aux armées royales de l'Ouest, fils d'émigré, maréchal-de-camp à l'armée de l'Ouest et chevalier de Saint-Louis, parent de S. A. R. monseigneur le DUC DE BOURBON, prince de Condé, — de Chevalier, chevalier de Saint-Louis et de la Légion-d'Honneur, capitaine de cavalerie en retraite, à Marseille, — Régis-Dugas, propriétaire, à Marseille, — de Camprieu, chevalier de Saint-Louis, officier émigré, au régiment de Languedoc, — Nivet de Chenaux, chevalier de Saint-Louis et de l'ordre militaire de Jérusalem, — de Sainte-Péreuse, — madame de Sainte-Péreuse, née Jaubert, — MM. le comte de Méry, chevalier de Saint-Louis, ancien colonel de cavalerie, — Charles de Rocquart, — madame la vicomtesse de Montbrun, à Montreuil-sur-Mer, — M. le comte Léon de Montbrun, de Recq, — madame veuve Ague de la Voûte, née de Nesmond, fille d'un émigré, chevalier de Saint-Louis, femme d'un officier de l'armée de Condé, chevalier de Saint-Louis et d'Hohenlohe, — MM. de Gigou, petit-fils de M. Giboust de Chastellust, garde-du-corps de LOUIS XVI, officier de l'armée de Condé, chevalier de Saint-Louis, — de la Rivière, comte de Bonneval, — le vicomte Edouard de Banville (deuxième souscription), — Mélin, d'Amiens, — madame Berthelmi Bosquillon de Bouchoir, sœur d'un officier de l'armée de Condé, à Amiens, — MM. E. Delongpré, — le comte et madame la comtesse de Félix de Sambucy-Luzençon, — M. Hippolyte de Sambucy, — madame de Saulcy, — MM. le marquis de Cairon, — Jules de Bonnay de Renty, — madame d'Imbleval, veuve de M. le chevalier d'Imbleval, maréchal-des-logis des gardes-du-corps du ROI, chevalier de Saint-Louis, à Bertrailles (Seine-Inférieure), — M. le chevalier d'Imbleval, officier-supérieur en non activité, à Vernon, — un anonyme, par *la Quotidienne*, — M. le baron de Montjean, — mademoiselle de Montjean, — MM. le chevalier de Montois, gendarme de la garde en 1791 et 1792 à l'armée des princes, chevalier de Saint-Louis et de la Légion-d'Honneur,

— le baron de Fay-Solignac, à Tournon (Ardèche), — de Carbonnières, grand-père, père et enfans, — Dubois d'Ernemont, — le comte Ferdinand de Dienne, ancien officier de la garde, chevalier de plusieurs ordres, — Hersant, fils d'un ancien chasseur noble à l'armée de Condé, — le comte et le vicomte du Vigier, fils du comte du Vigier, surnommé le Beau de Mirabel, tué au 10 août en défendant LOUIS XVI, parent de monseigneur le DUC DE BOURBON, — madame la vicomtesse du Vigier, — M. Erbert du Vigier, — mesdemoiselles Mathilde, Octavie, Camille, Hedwige-Berthe et Emilie du Vigier, — MM. Stanislas Bien, à Montfort-sur-Risle, — Calle père, à Écaquelon, — Pierre Le Rouge, propriétaire, maire de Condé-sur-Risle, sous la restauration, — Edouard Héribel, à Rouen, musicien dans le 47ᵉ de ligne, sous la restauration, — un marchand, à Rouen, — une dame anonyme, à Rouen, — mademoiselle Pr.... Z...., marchande, — un anonyme, de Dunkerque, — MM. de Badereau de Saint-Martin, — le comte de Calvimont, — Hello de Bonnemarc, à Pont-Audemer, — madame de Vizais, — M. le baron de Billeust-d'Argenton, ancien capitaine de cavalerie, chevalier de Saint-Louis et de la Légion-d'Honneur, fils de condéen, — madame la comtesse de Pontcarré, — M. Jouanne, à Saint-Pol, — mademoiselle Vollée, à Saint-Pol, — M. le chevalier J.-A. de Mansigny, — madame Massuc, née du Faguet, — MM. Le Court, — Routier Dessartelles, — Bréard, ancien notaire, — David, ancien notaire, — une demoiselle royaliste, — M. Le Rosier, ancien commissaire-priseur, — madame Jabet, — M. et madame Emile de Feugré, — M. et madame Félix de Châtenet, — MM. de Nexon, chevalier de Saint-Louis, — le chevalier de Roffignac, chevalier de Saint-Louis, ancien page de LOUIS XVI et ancien colonel de l'armée de Condé, — mademoiselle Astérie de Roffignac, — MM. le comte de Beyssac, — le chevalier Roulhac, de Vicq, — Manent, — Dahasme de Salvanet, — Chevert, — de Lattre, ancien sous-préfet de Châtellerault, — madame la comtesse de Tranchecerf, petite-fille d'un chevalier de Saint-Louis, — MM. le vicomte de Beaux, à Tournon, — le baron Chansiergues du Bord, de Pont-Saint-Esprit, ancien condéen, chevalier de Saint-Louis et ancien officier supérieur, — Henri de Chansiergues du Bord, de Saint-Paul-trois-Châteaux, — le chevalier de Suze, colonel de cavalerie, ancien soldat de l'armée de Condé, — Esquirol, — madame F. M., — MM. de Vernot de Jeux, descendant d'officiers de la maison de Henri II, prince de Condé, et du grand Condé son fils, — Henri Ruinart de Brimont, ancien gentilhomme de la chambre du roi, — Le Lièvre, garçon de magasin, — Jules Le Lièvre, tapissier, — le président de Moly, pour son oncle, M. le chevalier de Moly, capitaine dans l'armée de Condé, tué dans les lignes de Weissembourg, — le comte de Voisins, à Rabastens, — madame de Quélen, née de Tinteniac, de Quimper, — mademoiselle de Derval, de Quimper, — mademoiselle Duhamel, de Quimper, — M. le vicomte de Vaugiraud, ex-écuyer du Roi, — un garde-du-corps, compagnie de Noailles, — MM. le vicomte de Curzay, à Poitiers, — le vicomte du Mas de Polart, — le comte de Tinteniac, — madame la comtesse de Nèel de Sainte-Marie, — MM. Léon Gaullier de Laulle, — le comte Louis de Selve de Sarran, propriétaire au château de Lagonne, près Ussel (Corrèze), fils et petit-fils d'officiers de l'armée de Condé, — madame Le Bouetté, née de Bourblanc, sœur d'un officier de l'armée de Condé, — MM. Louis Le Bouetté, gentilhomme ordinaire de feu le ROI CHARLES X, et précédemment attaché à feue S. A. R. MADAME, duchesse de Bourbon, mère du duc d'Enghien, — de la Fonchais, — mademoiselle Marthe de Sandoz, fille d'un ancien colonel suisse au service de France, — M. Petit de Julleville, — l'obole de la noble veuve et de la trop infortunée orpheline d'un noble preux de l'armée de Condé et des princes, ancien chevalier de Saint-Jean-de-Jérusalem et de Saint-Louis, — MM. Victor Perrier de Savigny, — Le Mercier Ebenard, — F. de C., ex-garde-du-corps du Roi, fils et neveu de condéens, — A. de Grandpré, — de Courcy, — le vicomte de Virieu, — Charles-Paul de Gobert, — le chevalier de Bréda, ancien émigré, — César Le Hir, avocat, — madame César Le Hir, née de Trogoff, — MM. Briand, ancien militaire, et son fils âgé de 16 ans, — le chevalier J.-A. de Mansigny, — Abdon Julia, d'Arles, — Thouvenin, — Mollard, commis, — Claus, — Bauchet, ouvrier, — Quipourt, ouvrier, — Vergne, ouvrier, — de Bannerot, ouvrier, — autres ouvriers réunis, — madame de Bermond de Vachères, à Avignon, — MM. Hippolyte, Rupel et Antoine de Bermond de Vachères, à Avignon, mesdemoiselles Caroline, Marie et Marguerite de Bermond de Vachères, à Avignon, — M. de Mellon, chevalier de Saint-Louis, à Montauban (Ille-et-Vilaine), — madame de Saint-Laurent, — MM. Dupré, docteur, — Duvaure de Crest, pensionné, — Henri Pernetty de Valma, — de Chaptal de Saint-Sulpice, chevalier de Saint-Louis, de Romans, — de Chaptal, de Romans, ex-capitaine d'artillerie, — le marquis de Mirabeau, petit-fils du légionnaire et petit-neveu de l'orateur, — madame la marquise de Mirabeau, née d'Esclignac, nièce du prince de Talleyrand, — M. le vicomte de Mirabeau, — madame la comtesse de Canisy, — MM. le comte Paul de Canisy, — le vicomte Frédéric de Lauzanne, de Clermont-Ferrand, — Une dame anonyme, de Clermont-Ferrand, — MM. de Montagu de Couche, chevalier de Saint-Louis, ancien condéen, — Florin de Montpattey, — le vicomte de la Boullaye, ancien député, — Oscar Becquet de Mégille, à Douai, — Gratien Le Questeur, — Guy de l'Estoile, — le comte de Demours d'Ivory, au château de Mauvilly, (Côte-d'Or),—J.-R. de T..., abonné de LA MODE,— madame la comtesse Edmond d'Imécourt,— M. le baron Fortuné de Bernon, officier supérieur, chevalier de Saint-Louis, ayant servi huit ans dans le 1ᵉʳ escadron d'Angoulême, — madame la comtesse Estève de Pujet, à Montdidier, — M. le marquis Anjorrant, — mademoiselle Aline de Bernard, à Chartres, — MM. Adolphe Meurisse, de Saint-Hilaire, négociant, à Dunkerque. — l'abbé de Quesquen, chanoine de Rennes, à Dinan, — de Serville, à Dinan, — mademoiselle de Bedée de la Bouetardaye, à Dinan, — M. Félix Le Garivel de Gonneville, à Nancy,— mesdames Fourrier de Bacourt, née de Maillard, à Nancy,— Julienne de Bigoult d'Avocourt, de Nancy, veuve d'un ancien condéen,— MM. A. de Montravel, canonnier noble à l'armée de Condé, colonel d'artillerie en retraite, chevalier de Saint-Louis, officier de la Légion-d'Honneur, — Revel, chevalier de Saint-Louis, — madame Oudot, née Manoury,—mademoiselle Louise-Adélaïde Manoury, filleule de monseigneur le PRINCE DE CONDÉ et de madame la princesse Louise de Condé, — MM. Chautant-Régis, — le comte de Giverville, chevalier de Saint-Louis,— le marquis de Saint-Pierre, à Saint-Brieuc, — le comte de Touchebœuf-Clermont, ancien officier à l'armée de Condé, à Périgueux, — Armand de Chaunac Lanzac, fils d'un officier de l'armée de Condé, chevalier de Saint-Louis et du Phénix d'Hohenlohe, à Périgueux, — Amédée de Boisson, à Périgueux, — de Rodellec-Duporzic, chevalier de la Légion-d'Honneur, à Brest, — madame Madézo, née de Jouvencel, fille d'un officier de l'armée de Condé, à Brest,— MM. de Frézals, ancien inspecteur des forêts et des chasses,— le vicomte Barbot de la Trésorière, chef de volontaires royaux du port de Rochefort, au 20 mars 1815, neveu et cousin de cinq officiers du nom de Barbot aux armées vendéennes et celle du prince de Condé, dont plusieurs chevaliers de Saint-Louis, — Prosper Thouret, — le vicomte de Corneillan-Humbert, de Saint-Urcisse, — un ancien officier de la maison de BOURBON, de Toulouse, — un prêtre de Revel (Haute-Garonne), — mademoiselle de Bonneserre, — trois anonymes de la ville d'Aire, — MM. Xavier Créton, maréchal-ferrant, à Wingles, (Pas-de-Calais),— Strafforello, ancien député des Bouches-du-Rhône, — Fellen, — le marquis de Lamberville, — le vicomte de Candeau et ses dix enfans, — Alexandre-Martin Binet fils, — mademoiselle Millet, — MM. le comte du Castelet, ex-garde-du-corps, compagnie de Luxembourg, fils d'un officier de l'armée de Condé,— le marquis de Barbançois, — le baron de Fournas et sa famille, — le comte de Laroche Poncié, — le comte d'Hinnisdal, — madame du Rouret, veuve d'un vice-amiral, chevalier de Saint-Louis (Grasse), — M. Auguste d'Escragnolles, ancien chasseur noble de l'armée de Condé, chevalier de Saint-Louis (Grasse), — Un ancien chasseur noble de l'armée de Condé (Grasse), — MM. Antoine Dousson, chevalier noble de l'armée de Condé, ancien pensionnaire de la liste civile, sous la restauration (Grasse), — Rochon, premier chef de bureau de M. Droult, avoué, — S.-B. Bugand, liquoriste, à Lyon, — quarante-trois anonymes,¹ — M. Crouët, secrétaire de M. le vicomte Edouard Walsh.

DÉPARTEMENS.

ALLIER : Moulins. — MM. le chevalier de Tarrade, ancien officier d'artillerie à l'armée de Condé, — le comte de Gaulmyn, ancien officier de l'armée de Condé, — le comte et madame la comtesse de Champfeu, — le comte et madame la comtesse de Dormy, — Béraud des Rondards, ancien député, — Leroy de Chavigny, ancien préfet, — le baron de la Brousse, ancien maire de Moulins, — Séwajean du Brétail, — D. O., qui n'aime pas les ingrats, — quatre Ecclésiastiques, — MM. l'abbé F...., — le comte d'Estrées, — le comte Max de l'Étoille, — Auguste Ripond, ancien bibliothécaire de la ville de Moulins, — de Marcellange (V.), — A. de l'Écluse, — Capelet, notaire, — Capelet-Callat, ancien administrateur, — mademoiselle Octavie Capelet, — M. Léon Capelet, — un desservant, —MM. Charles du Clasel de Charbonnières, — P. de Beaurepaire, — madame de Trochereau, née de Boresdon, — M. Moreau jeune.

Saint-Pourçain. — MM. Desroline-Delamothe, chevalier de Saint-Louis, — de Bongars, chevalier de Saint-Louis, — de Lacodre du Roty, — d'Aubigner, — de Montpensin, — de Boutet.

ARDENNES : château de Mélimée. — Madame la baronne douairière de Pouilly de Cornay, veuve, belle-sœur et nièce de condéens, —MM. le baron Alphonse de Pouilly de Martaincourt, neveu de deux condéens, — le chevalier de Lillebonne, capitaine d'infanterie en retraite, chevalier de la Légion-d'Honneur, qui a fait le voyage de *Gand*, neveu d'un condéen, — madame la baronne d'Hiraumont, née de Schonendall d'Arimont, — MM. de Samboeuf, ancien maréchal-des-logis des gardes-du-corps, compagnie de Luxembourg, ayant fait partie de la maison militaire du roi à *Mittau* (*Russie*), ainsi que son fils, maréchal-des-logis dans la même compagnie, qui a accompagné la *famille royale* jusqu'à Cherbourg, — de

Beffroy d'Hardoncelle, petit-fils d'un condéen, — Simonnet, capitaine de gendarmerie en retraite, ex-mousquetaire de la garde du ROI. — Noël Le Vaillant de Monchy, — de Bois-Latour, ancien capitaine de gendarmerie, ayant servi sous les ordres du prince de Condé et du DUC DE BOURBON, — Victor Lion, de Mouzon.

AUBE : LE DROUP, *près Méry-sur-Seine*. — M. Charles de Chavaudon, — madame Charles de Chavaudon, née de Damoiseau de la Bande, — M. de Chavaudon, de Droup, émigré, ancien volontaire de l'armée de Bourbon, — mademoiselle de Mitantier, — l'abbé Seurat, curé de Droup.

AUDE : CARCASSONNE. — M. Capelet Callat, ancien percepteur, — madame Capelet Callat, le denier de la veuve, —MM. Rolland du Roquan, —Pierre Mouton, sacristain de la cathédrale des Carmes,—veuve Maguélonne-Naucadery, — huit anonymes.

CALVADOS : VIRE. — M. Noël du Rocher, ancien émigré, chevalier de Saint-Louis, — madame Noël du Rocher, née de Guernon, — MM. Le Cordier, — Durosel de Saint-Germain, — madame de C.... et sa famille, — plusieurs légitimistes de Tinchebray, par M. Lalouel, — M. et madame de Banville du Rosel, — madame veuve Paulmier.

CANTAL : SAINT-FLOUR. — M. de Labro de Montagnac, chevalier de Saint-Louis, soldat de l'armée de Condé, — Joseph de Labro, son fils, employé démissionnaire en 1830, — Henri de Labro, son fils, petit-fils de deux condéens, chevaliers de Saint-Louis, — le baron de Trémeuge-Laroussière, chevalier de Saint-Louis et de la Légion-d'Honneur, soldat de l'armée de Condé, — Alexandre de Trémeuge-Laroussière, son fils, employé des finances, démissionnaire en 1830, — madame Marie-Antoinette de Trémeuge-Laroussière, née de Chardon du Ranquet, — mesdemoiselles Victorine et Aimée de Trémeuge-Laroussière, filles d'un condéen, — M. le baron Gillet d'Auriac, fils d'un condéen, —madame de Laroche, née d'Antil, fille et veuve de condéens, — mesdames de Brugier-d'Andelat, filles d'un condéen, — M. Charles de Brugier-d'Andelat, petit-fils d'un condéen, — Louis de Sartiges, fils d'un condéen, — Jean-Marie Ferdinand de Lagarrigue, curé de Saint-Flour, chanoine honoraire, — Justin Tassy de Montluc, fils d'un condéen, — mademoiselle Fanny Tassy de Montluc, fille d'un condéen, — M. Frédéric Dessauret-d'Auliac, fils d'un condéen, — Auguste Dessauret-d'Auliac, fils d'un condéen.

CHARENTE : ANGOULÊME. — M. de Glénest (Joseph), chevalier de Saint-Louis et de la Légion-d'Honneur, ci-devant maréchal-des-logis, chef d'escadron aux gardes-du-corps (compagnie de Grammont), — de Glénest (Philippe), chevalier de Saint-Louis, capitaine de cavalerie en retraite, ancien garde-du-corps (compagnie de Grammont),—Des Cordes,

ancien magistrat, avocat, — de Massougne Desfontaines, propriétaire, —
madame de Livron,—M. de Magnac, condéen,—madame veuve de Saute-
raud, née Nosmond, — M. Adrien de Maret, — de Maret, propriétaire,
— mademoiselle Juliette de Maret, — M. du Repair, ancien sous-préfet,
— Jules de Bonsonge, ancien élève à l'école militaire, officier au 52ᵉ de
ligne, démissionnaire en 1830, domicilié à Saintes, — six anonymes, —
M. Truchet père, coiffeur, — M. de ...., chevalier de Saint-Louis, ancien officier au régiment d'Anjou, ayant servi aussi à l'armée de Condé,
— M. Charles Lacroix, propriétaire, —madame Latouche.

CHARENTE–INFÉRIEURE : SAINT-JEAN-D'ANGÉLY. — M. Léon
Boscal de Réals, — A. Lair, —mesdames veuve Gobeau, —Auzière, —
MM. de Brèche,—Auguste de Brèche,—Boscal de Réals fils , — Léon de
Sartre, — Roy de l'Isle,— madame de Réals, née Leveneur, — M. Mau-
rice Charrier, — de Laperrière,—madame de Mesillac,—M. E. Leveneur,
—de Beaucorps,—Auguste et Charles de Lajallet,— l'abbé Guérin, pre-
mier vicaire de Saint-Jean-d'Angély,—de Bonnegens,—Dubois, de Saint-
Mandé de Lalaigne, — Evariste de Lajallet, —madame veuve de Lajallet,
— M. Lair aîné, — Cotard, — Dubois, de Saint-Mandé, — M. B. de
Meschinet, — de Meschinet aîné, — Auguste Larade, — madame Gar-
landat,—M. Dhiarsat jeune,—Lépinay père,—le vicomte de Beaucorps,
— Camille Normand, — L. de Saint-Mathurin.

SAINTES. — M. le baron Guiot du Repaire, ex-officier de la garde
royale, — le marquis de Faucher de la Ligerie, — Drilhon, avocat, —
de Froger, — Bourgoin, — Bourgoin fils, — Théophile de Bremond-
d'Ars, — Chevalier Lesbros,—Chevalier, — Godet, ex-notaire, — Diers
Montplaisir, — Bridault, — Jules de Clervaux, — Georges Diers, — de
Laage-Robillard, — un anonyme, — Alexandre le Gardeur de Tilly, capitaine de frégate en retraite, chevalier de Saint-Louis et de la Légion-
d'Honneur, — le vicomte Charles de Boisset, — le vicomte Alphonse de
Faucher de la Ligerie, — madame de Bardine, née de Manes, — M. le
chevalier Dexmier-d'Archiac, ancien colonel de cavalerie, chevalier de
Malte, — M. de Clervaux de Fonbelle, — le comte Boscal de Réals, ancien député, officier de la Légion-d'Honneur, — de Roumefort, —
E. Bretinault de Méré, — Henri de Bonsonge, — Dufaur de Guitteau,
chevalier de Saint-Louis.

COTE-D'OR : DIJON. — le marquis de Saint-Seine, — M. le comte de
Sarcus, — M. le baron de Montillet,—le marquis du Parc,—le chevalier
de Berbis, — Charles de Berbis,— le marquis de Courtivron, — madame
la comtesse d'Agrain, — M. le chevalier d'Arbigny de Chalus, — le chevalier d'Arestel, —le chevalier de Percey, — madame de Jugny, mère

de plusieurs condéens, — la comtesse de Norrois, veuve d'un officier de l'armée de Condé, — la comtesse de Melfort, — Rouget, notaire,— le docteur Fourra,—Auguste et Charles de Broin,—Dechaux, conseiller, — mesdames Febvre,—Hélyotte, née Godefroy,—M. de Rochefont, — le comte de Clermont-Gallerande, — Estève de Suzainecourt.

COTES-DU-NORD : GUINGAMP. —MM. Armand de Parcevaux père, — Ambroise de Parcevaux,—Louis de Gouyon,— de Coipel,— de Carné père et fils, — madame veuve Henri de Kermartin, — mademoiselle de la Boulaye, — MM. Constant de la Bégassière,— Adolphe-Henry de Kermartin, — madame veuve Rivot du Courtil, née de Boisboissel, — MM. Henri Rivot du Courtil,—François de Cargouët,—Joseph Hingant de Saint-Maur, — le comte de Kerguezec.

DINAN. — MM. de Bizien du Lézard,—P. Brignon de Léhen,—d'Haumon, chevalier de Saint-Louis, — madame la comtesse de Marigny, née de Châteaubriand, — M. le vicomte de Pontbriand, — mademoiselle Joséphine de Pontbriand, — MM. Lecourt de la Villethassetz, —Hippolyte de Lorgeril, —Ange Thibault de la Guichardière,—Amédée de Ferron, — Francis Thibault de la Guichardière, — de Guehenneuc de Boishue, — Louis Cohan, — du Rocher de Quengo, — de Bellevue, — de Gaudemont, — du Boishamon.

DOUBS : BESANÇON. — MM. le marquis de Lénoncourt, — le marquis et le comte de Terrier-Santans, — Babey, ancien député, —Paul Babey, —Rodolphe, Arthur et Stanislas de Buyer,— le comte du Carrieul, — de Colombe,— de Boursière, — le comte de Vézet,— Arthur de Tinseau,— le marquis de Valay, de l'armée de Condé,—le marquis de Terrier-Loray, de l'armée de Condé, — de Tallenay, — Paul de Jalleranges, — le comte Albert de Lorcy, — Emmanuel Roy de Lachaise,— le vicomte Chiflet, — Edouard de Toitot,—Alfred d'Otelans, — le marquis de St-Mauris-Châtenois, de l'armée de Condé, — le comte Edouard de St-Mauris-Châtenois, — le comte Bernigaud de Chardonnet,— le général comte Colombe d'Arcine,— Barbaud, commerçant, — de Raucourt,— Henri de Rotalier,— de Ronfant,—Alexandre de Boulot,—Ballanche père, négociant, — un anonyme, négociant,—Guinard, propriétaire,—le comte Charles de Divonne, ancien condéen, — de Corgeat, — mademoiselle Bouvier, — MM. d'Aubonne, — Fischer, — Itteney, chanoine, — mademoiselle Laurent,— MM. Montrichard, négociant, — Clairvaux, notaire, — Mairey, propriétaire, — Biétrix, propriétaire, — Ferniot-Dumont, commerçant, — Vuillemot, — un anonyme, — Maximin Goy, ancien curé, — Gouniot, commerçant; — Guillemenot, horloger, — Bruet, commerçant, — Volland, cafetier, — Claude Prudon, — Sévestre, — Parisot, prêtre.

— DRÔME : VALENCE. — MM. le comte de Laurencin de Chabeuil, — de Lambert, fils d'un chevalier de Saint-Louis, chevalier noble de l'armée de Condé, — A.-S. Martin, négociant, — mesdames de Bussy, veuve du comte de Bussy, ancien lieutenant-général et colonel des chasseurs de la couronne, — de Valoux, — mademoiselle de Miraval, — MM. de La Lombardière de Montmeyran, — Parissot de la Boisse, chevalier de St-Louis, ancien chasseur de l'armée de Condé, — du Portroux de Romans, — madame de Bressac, — M. de Châteauvieux, — madame Magalon, — mademoiselle Barneron.

EURE. — Mademoiselle Pauline de Giffard, à Montfort-sur-Risle, — MM. Guénier, homme de loi, à id., — de Saint-Philbert, ex-officier de la garde royale, à Rouen, — Hébert, propriétaire, à Montfort-sur-Risle, — mesdames Hébert, propriétaire, à id., — veuve Dufay, née Le Maréchal, — MM. Casimir Dufay, à id., — François Roussel, voyageur en bonneterie, — Pierre Coquin, propriétaire à Saint-Christophe, — Jacques Michel Ferey, propriétaire à Glot-sur-Risle, — Jean-Denis Duval, à St-Pierre-des-Ifs, — le curé de Montfort-sur-Risle, — C...., ancien militaire, id., — Le Grip, carrossier, à Pont-Audemer, — mademoiselle A. B....., marchande, id., — Rose Délabare, cuisinière, — MM. Toutbon Quesnel, tanneur, à Pont-Audemer, — Quesnel aîné, tanneur, à id., — Bisson, propriétaire à id., — un anonyme, de l'arrondissement de id., — madame veuve Vasse, née Legrand, à id., — M. Vasse, à id., — mademoiselle Emma Vasse, à id., — MM. Langlois, maire d'Appeville, sous la restauration, — Amable Quesnel, à Pont-Audemer, — Gontier dit Hébert, à id., — Deschamps, curé de Saint-Éloy de Fourques, — Louis Mullot, propriétaire à id., — Jean-Baptiste Mullot, serrurier à id., — Antoine Mullot, horloger à id., — Félix Lecat, fabricant de rubans à id., — Guillaume Lequesne, tisserand à id., — Babon, à id., — Jean-Baptiste Asselin, à id., — Sébastien Leprince, propriétaire à id., — Jean-Baptiste Férey, propriétaire à Montfort-sur-Risle, — Jean Bien, charron à id., — Reaux, propriétaire à Pont-Audemer, — Desmarre, cultivateur à St-Urien, — Morel, à Pont-Audemer, — un anonyme de Montfort-sur-Risle, — MM. Stanislas Bien, maître de roulage à id., — Calle, ancien marchand de bois à Écaquelon, — Pierre Le Rouge, propriétaire, ancien maire de Condé-sur-Risle, — Édouard Héribel, carrossier, à Rouen, musicien dans le 47e régiment de ligne sous la restauration, — un marchand, à Rouen, — une dame anonyme, à id.

ÉVREUX et BERNAY. — MM. de La Pasture, — le baron de Sepmanville, — le vicomte de Blosseville, — Avril de Buré père, avocat, — A. Avril de Buré, avocat, — Avril de Buré, propriétaire, — le comte d'Auger, —

C....., — Ch....., — L....., — Juillé, ex–porte–arquebuse du duc de Berry, — Z...., — Désir de Sainte-Opportune, — Bordeaux, — Gaston de Tournemine, — le chevalier de Tournemine.

FINISTÈRE : BREST. — MM. le chevalier de Fréminville, ancien capitaine de frégate, chevalier de l'ordre royal et militaire de Saint–Louis, — de Kervasdoué, chevalier de Saint-Louis , — la femme d'un chevalier de Saint-Louis, — MM. le vicomte Desson de Saint-Aignan, le vicomte de Kervasdoué, — madame de Kérampuil, née Doëssant, — M, le chevalier Duplessis-Parscau, capitaine de vaisseau en retraite, — mademoiselle Angélique Smith.

QUIMPER. — MM. le comte de Saint-Luc, — d'Amphermet, — mademoiselle Éléonore d'Amphermet, — Pitot, — du Boisguehenneuc, — Eugénie et Olympe de Langle, — de Kerguiffinan, — mesdames de Saint-Alouarn, — Léon de Trevéret, — M. Eugène de Cillard, ancien capitaine d'infanterie, — mademoiselle de Kerléan, — M. A. de Penfentenyo de Kvéréguin, née Penandreff, — madame veuve de Lalande de Calan, née de Penfentenyo, — mademoiselle Nanine de Lalande de Calan, — M. Joseph de Lalande de Calan, ancien officier d'infanterie, — mademoiselle Adèle de Penfentenyo, — mesdames de Cornouaille, — Bizien du Lezard, — MM. Veller, ancien colonel en retraite, — de Chamaillard, — un ex-officier de la garde royale, — un ex-magistrat, — madame veuve de Rivière, — mademoiselle Marie Hampton, — mesdames Marquer, — Morange, — mesdemoiselles Marie-Anne Gobriot, — Baillif, — M. Gaspard Carretch, — mademoiselle Lebert, — quatre pauvres légitimistes, — une anonyme.

MORLAIX. — MM. Henri de Saint–Luc, — de Labarre, — madame Mac Léod, — MM. Ferdinand de Ploeüc, — Ange et Louis de Guernizac, — trois anonymes.

HAUTE-GARONNE : TOULOUSE. — MM. Daunassans, rédacteur en chef de la *Gazette du Languedoc*, — Lafue d'Auzas, — Gustave de Ruble, — madame la comtesse de Solages, — le comte Hippolyte de Solages, — MM. Raymond Lafont, docteur en médecine, — H. Combes, négociant, — madame de ***, fille et femme d'officiers de Condé, — MM. le duc de Rovigo, — le baron d'Yversen , le marquis de Palarin, ancien aide-de-camp de MONSEIGNEUR LE PRINCE DE CONDÉ, — le général comte de Pélissier, ancien officier supérieur dans l'armée de Condé, — mademoiselle de Clermont, — MM. le baron de Secondat-Roquefort, — le comte Auguste de Solages,— Gabriel-Firmin Puntous, — de Sainte-Foy, — Edmond Dispan de Floran, — les descendans de M. le marquis Dadvisard, ancien aide-de-camp du PRINCE DE CONDÉ, — le marquis d'Or-

geix fils, neveu et cousin de trois officiers au ci-devant régiment d'Enghien, — Thimothée de Drême , chevalier de Saint-Louis , ancien soldat
de l'armée de Condé, — le baron de Gestas, ancien officier de l'armée de
Condé, — madame la marquise de Pérignon , de Grenade-sur-Garonne ,
— MM. Ernest de Borrassol , petit-neveu d'un officier de l'armée de
Condé, — Léonce de la Comté, ancien rédacteur de la *Gazette de Quercy*,
— Viguier de Pradal, — Auguste, Louis et Albert Lefèvre, — Alcouffe,
prêtre, — le marquis de Sers, — de la Gérinière, ancien garde de Gram-
mont, — Marc-Antoine Barbe, cadet, négociant, à Vicdessos (Ariége), —
Margastaud, de Fleurance (Gers), — Bérard , propriétaire à Brax, neveu
de feu l'abbé Bérard, chanoine honoraire de Toulouse et d'Auch, pensionnaire de l'ancienne liste civile , rentré en France en 1814, — Paulin de
Naurois, ancien garde-du-corps démissionnaire, — Edouard Pontié de La-
prade, ancien capitaine de cavalerie, — Guy de Soual, — le marquis de
Bournazel, — Raymond aîné, — Laforgue , pharmacien, à Toulouse, —
Louis Lasserre , de Narbonne, *pèlerin* de Goritz, — Léon Laffon-May-
dieu, de Castelnaudary, — R. Lagarrigue, — de la Reynalié, — Léon Fi-
guères, notaire, à Lagardelle, — du Pac-Marsoulies, propriétaire, à Dau-
mazan, — Cariben-Anglaret , — de Combalzonne, ancien magistrat, —
mademoiselle Victoire-J.-J. Belin , institutrice, — MM. J. Bernard, —
J. Marty de Caragoudes,—Sarrau, docteur en médecine, à Auch, — Capdeville, chevalier de l'ordre royal et militaire de Saint-Ferdinand, à Cas-
telnau-Durban (Ariége), — Charles Lastours de Laboucherolle, — le marquis d'Hautpoul-Seyre,— le baron de Saint-Vincent,— le vicomte Gustave
de Juillac, — le chevalier de Sers, ancien officier de l'armée de Condé ,
— Henri-Bertrand de Saint-Léonard , — le comte Charles de Sers, —
Doumerc de Hallet, — le comte de Hallet.

GIRONDE : Bordeaux. — MM. de Séguin, membre du conseil général en 1830, — de Pirly, sous-préfet en 1830 , — Alfred de Pirly, — le
chevalier Majance de Camiran, — Delas de Lagravère , — Théodore de
Pichard, secrétaire général de la préfecture en 1830, — Lussaud, avocat
à Libourne, — le comte de Belcier, à Libourne, — de M. G. Calbiac, chevalier de Saint-Louis, ancien émigré, — de M. Martial de Calbiac, chevalier de Saint-Louis, ancien chasseur noble, — Pierre Edouard de Calbiac, — Jean-Baptiste-Amédée Larrieu, — L. de Cabannes, — de Briva-
zac, — Ferdinand, Alexandre, Charles et Henri de Bragelongne, — mesdemoiselles Gabrielle et Louise de Bragelongne.

HÉRAULT : Montpellier. — MM. le marquis de Gras-Préville, député, — de Fernel, — madame de Fernel, — MM. le baron de Larcy, député, — Amédée Poujol, — Félix de Lavalette, — Armand de Latude, —

de Vibrac aîné , — Bonnard aîné , — Maffre de Fontjoie , — Hyppolite Grenier, — un Ecclésiastique , — Vidal , — Deville,—Pioch, — Durand, — Roussel, — André–Maurice Marcillac, — Arnaud.

ISÈRE : GRENOBLE. — La *Gazette du Dauphiné* , — MM. Auguste Ducoin, rédacteur en chef , — Casimir de Ventavon.

CRÉMIEU. — MM. le comte Octavien de Quinsonas , — le marquis de Quinsonas , — madame Eugène de Verna , — M. Louis de Verna , — M. l'abbé de Verna, — mesdemoiselles Marie–Suzanne et Alexandrine de Verna, — MM. Calvet Rognat de Chamagneux , — Lacroix, curé d'Op-tvoz, — Pasquet et son fils , — Silvain , — Guichard , — l'abbé Sigaud , — l'abbé Mollard, — le curé de ***, — le curé de ***, — M. , — G., — L.

JURA : DÔLE. — MM. Casimir d'Autume , garde-du-corps du roi , — le baron d'Aligny, — Matherot , chevalier de Saint-Louis , ancien officier à l'armée de Condé, — Xavier Matherot, — Gabriel Garnier, — madame la comtesse douairière de Grivel , — mademoiselle Eliane de Grivel, — MM. le comte Louis de Grivel, fils d'un officier à l'armée de Condé, — G. de Renepont, — Abel Blanche , négociant, — Charles Bourges , proprié-taire, — J. Breton , lieutenant-colonel en retraite , — Joseph Ratelot , propriétaire, à Montmirey,—un capitaine de volontaires royaux en 1815, natif de Dôle, — Boisson, premier porteur de S. A. R. LE DUC DE BOUR-BON, — Barbier, à Montmirey, — Ernest d'Autume, — le comte de Frois-sard, — le marquis de Froissard, — Guelle , à Montmirey, — le comte de Broissia , — le comte de Grivel, — F. de Mayrot, — Mme veuve Prost.

SALINS. — MM. Broccard, — de Moréal, — d'Entraigues, chevalier de Saint-Louis, — de Laclos, chevalier de Saint-Louis, — de Perrey, cheva-lier de Saint-Louis, — de Vannoz , — du Cerny , ancien inspecteur des domaines, — de Prudhomme, ex-chef d'escadron aux grenadiers à cheval de la garde, — de Lapomarède, chevalier de Saint-Louis et de la Légion-d'Honneur, — de Cressat, chevalier de la Légion-d'Honneur , — de Si-frédy, chevalier de Saint-Louis, — d'Aiglepierre , chevalier de la Légion-d'Honneur, — de Bommarchant, chevalier de la Légion-d'Honneur,— un anonyme.

SAINT-AMOUR. — Madame la comtesse Saint-Mauris , née de Chavau-don, — mademoiselle de la Bévière , — M. le chevalier Maurice de Da-nauche, — madame la comtesse de Montmorillon, — MM. le marquis Saladin de Montmorillon, — Joseph Saladin de Montmorillon,—Hector de Montmorillon, — madame la comtesse de Courten, née de Chaignon,— mademoiselle de Chaignon, sa sœur.

LOIR-ET-CHER : BLOIS.—MM. le comte de Salaberry, ancien député,

— Georges de Salaberry, fils, — le baron de Fougères, ancien secrétaire-général de la préfecture de police, — Edmon de Fougères, ex-capitaine de la garde royale, — Artur et Ludovic de Fougères, — Belin de la Jousselinière, — madame veuve Villetard, née Brechemin, — MM. Le Blanc, ancien sous-brigadier des gardes de la porte du Roi, chevalier de Saint-Louis et de la Légion-d'Honneur, — Pellier, Schranner, Natural et Roudel, anciens militaires de la garde royale, — Charles Fleury, — Sauvage, — de Vivaise, — Léopold Girou, — mademoiselle Adélaïde Bataille, — madame Dousel, — mesdemoiselles Agathe Thou, — Sagot, — Rosalie Chomet, — M. le comte de Montlivault, ancien conseiller d'Etat, ex-préfet, — mesdames la baronne de Sorsum, née de Montlivault, — Kenny, née de Montlivault, valet de chambr ed uRoi Charles X, — M. Beaussier, docteur en médecine, — madame la marquise de Beaucorps, — MM. Jules Caille, pharmacien, — Louis de Lusignan, ex-officier de dragons, — Charles Pardessus, notaire, — de Beaulieu père, — du Château, — Jouanneau Cormier, — Jouanneau Couillard, — Dubois de Saint-Vincent, ancien magistrat, — le baron Asselin, ancien préfet, — Gault, chevalier de la Légion-d'Honneur, — Darneaux-Berruet, — Boy-Porcher, — Jullien, avocat, — madame veuve Pothée, — MM. le comte Charles de Lapanouze, — Thoré père, — Ernest Lenail, — E. de Lavallière, — Lenail Roger, — le comte de Touchimbert, ancien officier des grenadiers de la garde royale, — le docteur Aubry, — Guérin d'Ogonière, — Charles, négociant, — l'abbé Vesser, curé de Saint-Nicolas, — Lemaignen-Doulceron, avocat, — l'abbé Coustard, aumônier, — De Saint-Martial, — Laroche, curé de Saint-Denis-sur-Loir, — le comte de Beaucorps-Créqui, ancien officier de la garde royale, — le vicomte Charles d'Alès, — le chevalier de Burc, ancien officier de l'armée de Condé, chevalier de Saint-Louis, — le vicomte H. de Maupas, — quatre Ecclésiastiques anonymes, — l'abbé Macquaire, chanoine honoraire, Lenormand-Grandcour fils, — Lenormand-Grandcour père, — le vicomte de Lafare, — Boin père, — Leroy, ancien officier de cavalerie, — le marquis de Lambertye, — le chevalier de Mauco, — le comte Eugène de Beaucorps, — Desrivières, docteur en médecine, à Saint-Dié, — madame Caudelier, née Rosalie Brechemin, — M. Habert aîné, banquier, — mademoiselle Mathilde Jacquet, couturière, — madame Honorine Dufresne, cuisinière, — MM. Prévost, ancien officier de cavalerie, gendarmerie de Paris, — le chevalier de Belot père, propriétaire, — Théodate de Belot, ancien officier de la garde royale, — Ludovic de Belot, ancien garde-du-corps du roi, — Une famille de braves gens de la campagne, près Blois, — M. Piel des Ruisseaux, — Trois anonymes.

VENDÔME. — MM. de Lavau, — de Désers-Villers, — le vicomte de Monterno, — le comte de Geoffre, ancien capitaine démissionnaire, — Hippolyte de Trémault, — Charles Maury, — Louis le Roy, — Jules de Pétigny, — Hippolyte de Brunier, — Une dame anonyme, — MM. le comte de Beaumont, — Charmon, banquier, — Victor de Lamarlier, — le comte Léon de Beaumont, — l'abbé Moulnier, — Duriez, ancien capitaine de cavalerie, — l'abbé *** — Chaumont, curé d'Espéreuse, — madame la marquise de Prunelet, — MM. de Castilla, — Martinez, *réfugié espagnol*, — mesdemoiselles Francisca et Mercedes Martinez, — MM. Auguste de Brunier, — Josse Beauvoir, — deux dames anonymes, — deux anonymes.

LOIRE-INFÉRIEURE : NANTES. — Le journal l'*Hermine*, — MM. de Suyrot, chevalier de Saint-Louis, ancien condéen, — le comte Jules Dufou, — le vicomte Édouard de Kersabiec, fils d'un condéen, — le baron Amedée de Kersabiec, fils d'un condéen, — madame de Bellisle, née de J..., — MM. Cabaillot, fils d'émigré, le produit d'une journée de travail, — M..., ancien soldat de Charette, — Arthur Duris, lieutenant-colonel. — le comte Charles de Kersabiec et Godefroy de Kersabiec, neveux d'un condéen, fils d'un officier de l'armée des princes, — Tandé, ancien vendéen, chevalier de la Légion-d'Honneur, — Théodore de Cambourg, — Victor de Terves, — madame N....., — MM. Godin-Dérice, gérant de l'*Hermine*, — Meuret, — mesdemoiselles Duguini, — de Luynes, sœur d'un condéen, — MM. le chevalier de Besné, ancien officier au régiment de Dauphiné, infanterie, chevalier de la Légion-d'Honneur, — de Cadaran, chevalier de Saint-Louis, ancien officier de l'armée des princes et de l'armée royale de Bretagne sous les ordres de M. de Châtillon, — madame J. P. de Cadaran, née de Besné, — mademoiselle Zoé de Besné, — M. Horric de Beaucaire, lieutenant colonel, chevalier de Saint-Louis, officier de la Légion-d'Honneur, neveu d'un condéen, — mademoiselle de Villoutreys, — madame la baronne de Chasteigner, veuve d'un officier supérieur de l'armée de Condé, — MM. L. L. D. P., abonné de l'*Hermine*, — P. Hayère, marchand de noir, — R... et L. B., artisans, qui ne croient pas au suicide du DUC DE BOURBON, — Bellœuvre de Charbon, — le chevalier Dunstan de Kersabiec, fils d'un officier de l'armée des princes, neveu d'un condéen, — Raynaud, ancien vendéen chevalier de la Légion-d'Honneur, juge de paix démissionnaire en 1830, — Tancrède de Beauregard, — mesdames la comtesse de Cornulier-Lucinière, — Protteau, née Duris, fille d'un volontaire de l'armée des princes et petite-nièce d'un condéen, — MM. le comte de Chalus, volontaire de l'armée des princes, et maréchal-de-camp non retraité parce qu'on lui a rayé dix ans de loyaux services, — du Doré, — madame du Doré, — M. et madame Arthur du Doré, — MM. Gustave et Raymond du Doré,

— mademoiselle Mathilde du Doré, — MM. le comte Monty de Rézé, chevalier de Saint-Louis, ancien condéen, — le marquis de la Brestèche, chevalier de Saint-Louis, — de Fresneau, chevalier de Saint-Louis, ancien condéen, — de Couëtus, chevalier de Saint-Louis, — madame de Lajaille, — M. Tharin, condamné à mort à la suite des événemens de 1832, a fait cinq ans de captivité au Mont-Saint-Michel et à Fontevrault, — madame Huneau, — MM. Lecocq Duperray la Poterie, ancien vendéen, — le chevalier de Luzeau, colonel, chevalier de Saint-Louis, ancien condéen, — madame la comtesse Louise de Gosset, née la Ferronais, veuve d'un condéen,— un émigré, père d'une nombreuse famille,— MM. Ragueneau, docteur médecin à Montfaucon,— le comte de Tilly, ancien chef de division de la direction des beaux arts, de la maison du Roi, — madame la comtesse de Sansé, — MM. le vicomte Charles de Coislin,— Charles de la Roche Saint-André, chevalier de Saint-Louis. — le vicomte de Menou, — madame la baronne de Vezins, — Joseph Leloup, de la Biliais, frère de deux condéens, — un chevalier de Saint-Louis, ancien condéen, — le fils d'un ancien condéen, — le marquis de Becdelièvre, — mademoiselle L. P. C., — M. B. de Saint-Simon, — madame du Chatellier, — MM. Fourché, ancien vendéen, — de Berthon de la Violaye, ayant servi au régiment de Turenne, ancien condéen, — Belot du Lougbat, chevalier de Saint-Louis, ancien officier de l'armée de Condé, officier aux dragons d'Enghien, — Hertault du Bois-Mêlé, officier vendéen, — le comte des Pictière, ancien colonel de la maison du ROI, chevalier de Saint-Louis, de la Légion-d'Honneur, etc., — le colonel le Lieurre de l'Aubépin, chevalier de Saint-Louis, officier de la Légion-d'Honneur, chevalier de Saint-Ferdinand d'Espagne, — Robillard, pauvre artisan, royaliste de cœur, — le comte de Tilly, ancien condéen, — le comte Henri de Tilly, — D..., — de la Touche, avoué, — Poulaiu des Dodières, — Joseph de Terves, page de Louis XVI, ancien condéen, — Bricard, vendéen, — Pasquereau, ancien prisonnier du Mont-Saint-Michel, — René Besson, fils d'un ancien vendéen, — Guinehut, ancien vendéen (1), — René Gaillard, ancien vendéen, — François Rousseau, ancien capitaine, — Simon et Urbain Chesnai frères, fils d'un ancien capitaine vendéen, — de Beauregard (Guery), — madame de Beauregard, — mademoiselle de Beauregard, — MM. le vicomte de Chevigné, — Baranger, du May, ancien officier vendéen, — mademoiselle Perrine Boussion, domes-

---

(1) C'est sous le toit de ce noble et courageux vieillard, *à la Chaperonière*, près de Beaupréau, que fut lâchement assassiné, en 1832, le fils du généralissime vendéen, CATHELINEAU.

tique, au May, nièce d'un ancien vendéen, — M. Fizeau, du May, soldat vendéen, galérien, — mesdemoiselles Marie Moreau, du May, fille d'un vendéen mort au Mont-Saint-Michel, — Rose Moreau, de la Chapelle-du-Genet, — un anonyme qui ne croit pas au suicide de MONSEIGNEUR LE DUC DE BOURBON, — MM. de la Bassetière, ancien officier supérieur de l'état-major général de l'armée de monseigneur le PRINCE DE CONDÉ, — Théobald Dezaneau, — J. Renand, chevalier de la Légion-d'Honneur, ancien député du Morbihan, — Baudoin, royaliste de cœur, — Jacques Claude Le Masne, percepteur ayant perdu sa place par suite de la révolution de juillet, — de Carcouët, chevalier de Saint-Louis, ancien condéen, — M. et madame Louis de la Maronnière, — madame de Mareil, — Mademoiselle de Tyrel, — M. et madame Colous, abonnés à l'*Hermine*, — le Roy, propriétaire, à Muzillac, — madame veuve Bureau, née Le Masne, qui ne croit pas au suicide, — MM. le comte de Chabot, — Alexandre de Chabot, — le vicomte Louis de Becdelièvre, — M. et madame Loget, — M. Perrotin, ancien vendéen dans les *cent jours*, — mademoiselle Léonie de l'Isle du Fief, — MM. Athanase de Couëssin, — Joseph Doucet, — Pierre Gerfeau-Dufeuillet, vendéen, — Pierre Lenoir, ancien capitaine vendéen, — Etienne Pionneau, ancien capitaine vendéen, — Pierre Billard, ancien lieutenant vendéen, — René Dupont fils, Pierre Papin, Alexis Hervé, Jean Petit jeune, Pierre Grasset, tous vendéens dévoués, — Guillemé, pharmacien, — d'Angély, chevalier de Saint-Louis, ancien vendéen, — Gouillaud, — Colin, — le maréchal comte de Bourmont, — Le Lasseur, ancien magistrat démissionnaire en 1830, — Eugène de la Gourmerie, — de la Mulonnière, frère d'un condéen, — Bornay de Lespinay, chevalier de Saint-Louis, ancien condéen, — le baron de Magne, — Fernand du Hamel, — M. et madame de Landemont, — MM. le marquis de Régnon, — J. A. Tandé, ancien sous-officier au 9ᵉ de dragons, — R. B. M. Tandé, ancien garde royal au premier régiment de grenadiers à cheval, sous CHARLES X, — J. B. M. Tandé, ancien sous-officier d'artillerie, engagé volontaire pour la conquête d'Alger, — M. A. J. Tandé, lieutenant colonel de l'armée de CHARLES V, — la mère Bontemps, marchande de poisson, qui ne croit pas du tout à l'espagnolette, — M. J. Becel, bottier, fils d'émigré, né sur la terre étrangère, — mademoiselle Morille, — MM. Charles Guéreau et Jean Guéreau, de Vertou, — de Girardin père, reçu chevalier de Saint-Louis par monseigneur le PRINCE DE CONDÉ, — madame de Girardin, née de Chevreuse, — MM. Charles Egiste de Girardin, — Meslé, — D***, royaliste de tous les temps, — le comte de Cillart, chevalier de Saint-Louis, neveu de trois condéens, dont deux morts à Quiberon, — M. et madame J. S., — MM.

Victor-Augustin-Robert Deschataigniers, fils d'un condéen, — François et Charles Guéreau, — une personne rayée de la liste civile, — une pauvre domestique, — MM. de Chambellé, chevalier de Saint-Louis, — A. Becel, menuisier-ébéniste, fils d'émigré.

LOIRET. — ORLÉANS. — MM. Tarin, chevalier de Saint-Louis, — de Barbeyrac de Saint-Maurice, ex-officier de marine, fils d'un condéen, — de Buzonnière, — le vicomte d'Hardouineau, ancien maréchal-des-logis des gardes-du-corps du ROI, — de Champvallins, ancien député, ancien président de chambre à la cour royale d'Orléans, — le vicomte et madame la vicomtesse de Liniers, — MM. Camille de Liniers, — le vicomte de Tristan, — Boucher de Molandon, — Charoy aîné, — le comte de Tristan, — de Basonnière, — Pothain de la Saussaye, — le vicomte de Landemont, — le vicomte de Jouffrey-Lavoûte, ancien chevalier noble de l'armée de Condé, — Poncelain de Raucourt, ancien capitaine de cavalerie, chevalier de Saint-Louis et de la Légion-d'Honneur, — Colas de Brouville, — le comte de Villebresme, chevalier de Saint-Louis, ancien officier de l'armée des princes et de l'armée de Condé, — le vicomte Timoléon de Villebresme, — un abonné de l'*Orléanais*, — Breton-Renault, — le chevalier de B..., ancien émigré, officier-supérieur des armées catholiques de l'Ouest, sous les ordres du duc de Bourbon, dans les *Cent-Jours*, chevalier de Saint-Louis du 22 janvier 1796, — A. Bimbenet, professeur de langues, ennemi du despotisme impérial et des révolutions. — Th. Papion du Château, — le comte et madame la comtesse de Lambertye, née de Belot, enfans de vendéens.

LOT. — CASTELNAU. — MM. de Bonal, propriétaire, — E. de Laroche-Lambert, — A. de Laroche-Lambert, — de Lacavalerie, — Mourgues, propriétaire, — Mourgues, avocat, — Stanislas de Belleud, — Eugène de Belleud.

CAHORS. — MM. le chevalier de Folmont, — le comte d'Armagnac, — d'Hélyot, chevalier de Saint-Louis, ancien soldat de Condé, — madame d'Hélyot, née Moreau de Gorenfflot, — MM. Louis d'Hélyot, — Fabien de Flaujac, — Théodore de Flaujac, — de Labondie, — madame de Labondie, née de Montalembert, — MM. M. de Richard, — de Peronenq, — Charles de Folmont, — Ruper Labie, chevalier de Saint-Louis, ancien soldat de Condé, — madame de Lamothe-Latour de Castanède, fille, épouse et sœur d'émigrés, — M. Léon de Lamothe-Latour de Castanède, son fils, officier d'artillerie, démissionnaire en 1830, — mademoiselle Marie-Antoinette-Marceline de Lamothe-Latour de Castanède, — MM. Verdier, docteur-médecin, — Delbreil, — Abel de Roaldès, — l'abbé Saurel, — le chevalier de Puniet, — M. et madame Bercégol, de

Floyras, et leur onze enfans,— M. de Guiscar, de Bar, — M. et madame de Lacroze, — MM. le comte de Montlezun, colonel retraité, ancien condéen, — Bercegol, capitaine retraité, — mademoiselle Zélie Bercegol, — MM. l'abbé Contie, de Praynac,— Auguste Safargue, notaire, à Duravel, — l'abbé Capelle, curé à Duravel, — l'abbé Monteil, curé, à Putilhac, — le recteur de Grezels, — le recteur de Lagardelle, — Lapise de Lunegarde, fils d'émigré, — Camille Monmayou, de Ferrières, — Daymard, notaire, à Floyras,—Nadal, notaire, à Valprioude,—Fougeol, curé de Boin, — Louis de Fano, espagnol carliste, officier du ministère de la guerre de S. M. Charles V, — un anonyme.

LOT–ET–GARONNE : AGEN.—MM. de Lalis, conseiller de préfecture, démissionnaire en 1830, directeur du *Mémorial Agenais*, — de Martel de Lagalvagne, chevalier de Saint-Louis, ancien soldat de l'armée de Condé, — le comte de Beaumont, — Alphonse de Léonard, — Cassaigneau, avocat, — le chevalier de Lamothe-Vedel, ancien capitaine au régiment d'Enghien, chevalier de Saint-Louis, — Bitaubé, — Jules Neychens, — Abdon Astié, — F. S. Massias, — Honoré Philip, — Labole, chef de bataillon en retraite,— de Fialdès,— Mlle Jenny Serret,— MM. de Cassiers, — Maxime d'Anzac, ex-capitaine de hussards,— Romain Plantey, Daubas de Ferrou,—A. de Blanche de Villeneuve,—M. de Boubée,—de Molinier, chevalier de Saint-Louis, ayant servi sous Monseigneur LE PRINCE DE CONDÉ, — le marquis de Bourran, — le baron des Etangs, — un anonyme, de Villeneuve, — le marquis de Scoraille,—Carlis père, négociant, —de Cours, chanoine,— un prêtre,—Laurens, propriétaire,— L. E. D., — Jean Baptiste de Bertrand de Crozefon, chevalier de Saint-Louis, ancien volontaire de l'armée de Condé, — François Joseph de Bertrand de Crozefon, *id.*,— M. et madame Benjamin de Martinelli,— MM. Pommier, vitrier,—Vitalis, coiffeur,—Macary, ancien capitaine de cavalerie,—du Reu de Maisonneuve, chevalier de Saint-Louis, soldat de l'armée de Condé, — Maurice de Bourran, — de Lapeyrière, chevalier de Saint-Louis, — Dumoulin l'aîné, — Zénon de Faget de Quennefer, — mademoiselle Marie de Quennefer, —MM. de Larroque, — Ernest de Vivie-Régie, fils d'un condéen, — Garric ancien conseiller, — Les demoiselles Rauzet, sœurs d'un ancien serviteur dans l'armée de Condé, —MM. Dépau, — P. L. B....., V. à N., — de Cazenove de Pradines, — de Molinié-Thibé, — madame de Molinié-Thibé, — MM. de Galibert (Bernard), ancien garde-du-corps, — Garin de Saint-Christophe, d'Agen, — Dumoulins, de Riols-d'Agen, — MM. Casimir et Gabriel de Lagrange, — mademoiselle Marie de Siovaud, —MM. Courtade de Quissac, le baron de Pompéjac, maréchal-de-camp en retraite, — d'Aiguillon, — Ladevèze de Charrin, — J. B. C.....é, habitant du Gers, — Meigne, —

Daurée, de Prades, — Saint Laurent de Bonnefoux, ancien officier au régiment de Vivarais, chevalier de Saint-Louis, chasseur noble à l'armée de Condé, — le marquis d'Auber de Peyrelongue, — M. et madame Serret, cadet,—madame veuve Desplats,— MM. Marabal de Sainte-Foy, — Nebout aîné (Antoine Calixte), — Bongard de Lespinasse, — de Boudon-Lacombe, ancien officier de la restauration et démissionnaire,—Besse-Lassalle, — Alfred de Montigny, élève en 1830 à l'école royale et militaire de Saint-Cyr, — de Bazon, — Couderc, de Saint-Loup, — Deroux, procureur du roi, d'Agen, démissionnaire en 1830,— Goux, négociant,— J. B. Hommeau, propriétaire,—Alban Martel de Lagalvagne,—de P.....; — Une demoiselle légitimiste, — un ancien vicaire de Saint-Hilaire, — H......, — mademoiselle Rose Masquard, — M. et madame Casse, marchands de bois,—MM. de Josselin,—Auguste Dubernet, ancien garde-du-corps, — M. et madame Guénin, — M. Adrien Gardès, de Gasques, — J. J. A. E......, — quarante ouvriers ensemble.

MAINE-ET-LOIRE : ANGERS.—MM. le chevalier de Caqueray, soldat de l'armée de Condé, ancien député de Maine-et-Loire, — le marquis de Jousselin, colonel de cavalerie, — le comte de Boissard, ancien capitaine, aide-de-camp du maréchal duc de Reggio, — le comte Jules de Villoutreys, —Miltiade de la Frégeolière, lieutenant d'artillerie, démissionnaire, — le comte Xavier de la Roche-Brochard, — madame la baronne de la Haye, — M. et madame Adrien Séché, — M. Séché, ancien percepteur, — madame Séché. — M. et madame Agrault, — Deux royalistes vendéens,— MM. Louis Jeanneteau et son fils,— Branchereau, — Thareau, —Marchais, — Blond, — Courant, — Ménard de la Vinsonnière, — Jean et Dieudonné Ménard, — Jean et Réné Thareau, — Mathurin Thareau, — Ménard, expert, à la Pommeraye, — Jean et Charles Ménard, — Onillon de la Bizolière, —MM. Mathurin, Louis et René, Béduneau, — Laurent et Charles Montailler, — Montailler, — François et Pierre Davy, — Martin de la Saulaie, son frère et ses fils, — Jacques Lefort, expert, à Montrivault, — Coulon,—René Coulon, — François Ménard et son fils, — Jarry, de Saint-Quentin, et ses fils,—Rousseau; de Bourgneuf,—Leaureau, de Chalonnes, — Berthelot, — le baron de la Paumelière, officier d'ordonnance de S. A. R, Mgr le DUC DE BOURBON, — le chevalier de la Paumelière, capitaine de cavalerie légère sous la restauration, — le baron de Vezins, — le chevalier d'Arthuis, ancien sous-préfet, — le chevalier Nolin, ancien chasseur noble de l'armée de Condé, — le comte Théodore de Quatre Barbes.

HAUTE-MARNE : LANGRES. — MM. de Piépape, chevalier de Saint-Louis, ancien officier supérieur, — Gustave et Edouard de Piépape, ses fils,— Boisselier, aubergiste,— madame Boisselier,— **MM.** Bizot, ancien procureur du roi, — de Chambrulard, chevalier de Saint-Louis, — Pistollet père, — Pistollet, de Saint-Ferjeux, son fils, — Guerre, coutelier du feu roi, — Lefèvre, avocat,— un ouvrier anonyme, — deux anonymes.

MEURTHE : NANCY. — **MM.** le marquis de Villeneuve-Trans, ancien gentilhomme de la chambre, membre de l'Institut, — le comte Édouard de Landreville, — Eugène de Gauvin, — le baron Alfred de Ravinel, — mesdemoiselles d'Einville, — d'Ambly, — **MM.** de Saint-Remy, chevalier de Saint-Louis, — de B...., chevalier de Saint-Louis, — le vicomte de Nettancourt-Vaubécourt, ex-lieutenant-colonel de la garde, — **F. B.** de Maillart, ancien capitaine d'infanterie, — Félix Le Harivel de Gonneville et son fils, — madame de Bigault, d'Avocourt, veuve d'un condéen.

MEUSE : STENAY. — **MM.** le marquis de Pelleporc, ancien capitaine de cavalerie, — de Brobèque, chef d'escadron en retraite, ancien capitaine de la garde royale, — le baron Alexis de Wacquant, ancien garde-du-corps, — mesdemoiselles les baronnes de Wacquant, — **M.** le comte Desôffy Cserneck, chef d'escadron amputé, sous l'empire, — mesdemoiselles les comtesses Florentine et Clémentine Desôffy Cserneck.

MORBIHAN : VANNES. — **M.** Bouezo de Kercaradec, — madame veuve Héry, née Joyau, — **MM.** le colonel Sévère Le Mintier,— de Quénichquévillic, avocat,—mesdames Eon Dedessalles, veuve de **M.** Robert, chirurgien major au 3ᵉ régiment de la garde royale,—la marquise Quifistre de Bavalon, — mademoiselle Marie-Louise du Couëdic, — **MM.** Le Bourdat, — Yves Guyodo, — Guillaume Bauché, — François Guénanten, — Jean-Pierre-Julien Le Mouël,— Célibert, — Louis-Marie Le Bet, — Jean Bazanac, — Joseph Guillmot, — Joseph Loisel, — Baptiste Arz,— Marc Bouler,— Le Guellauf, curé, — Bernard, vicaire, — Thomas Guillaume, — Léon Guodo, — Joseph Jubin, — Louis Le Mohec, — madame veuve Le Brun, — **MM.** Marc Larmet, — François Cario, — Marc Le Quilliec, — Yves Le Mohec, — mesdames veuve Le Quilliec, — veuve Marion, — **MM.** Jean Hervé, — François Kergal, — Léon Kéran, — Joseph Le Bourdat, — Gabriel Le Derf,— Marc Le Han,— Jean-Marie Le Guillauton,— Pierre Jubin, — Jean Le Pinniec, — Yves et Guillaume Le Bourdat, — Thuart, — Jacques Evéno, — Sébastien Lozvis, — un anonyme, — Hervieu jeune, chevalier de la Légion-d'Honneur,— mesdames veuve Macaire de Rougemont, — la comtesse de Pluvié, née de Robien, — **MM.** Dano, marchand, — Le Bras, — Le Fée jeune, — Le Vigouroux, —Des Grées du Lou,— de Guégan, à Kerguen, — Vincent Bertho, maçon, — Auguste Hulbron, — madame veuve Nico, née Gambert, — **MM.** Conan, tisserand, — Yves Toussaint, meunier, — Louis Le Petit, — Vincent Guillemot, laboureur, — Michel Peron, jardinier, — Pierre

Eguin, marchand, — Martin Hubron, maçon, — Pierre Le Veux, meunier,—Louis Hulbron,—mesdames Hulbron (veuve) et ses enfans,—Marie Salmon,— MM. Honoré Fély, huissier,— Douget, cloutier,—Modeste Gironnet,—madame veuve Caudal,— M. Mathurin Guéman,— mesdames Guéman, — Marie-Thérèse Hulbron, — Jeanne Le Gate, — Genevaise Bourbas, — MM. Mathurin Hazo père et fils, — Vincent Hazo, —Mathurin Guidoux, menuisier, — Julien-François Seignard, — Marie-Joseph, — Anne Martin, — Le Brun, cordonnier, — Le Falher, — Julien Goupil, cordonnier, — les mineurs Plunian, — Flée jeune, — mademoiselle de la Gilardais, — un légitimiste, — M. de Castel, capitaine du génie, démissionnaire en 1830 (à Saint-Nolff),—mademoiselle de Troussier, ayant perdu sa pension en 1830, — M. Nicol, ancien voltigeur du 3ᵉ régiment de la garde royale, compagnie Duris, à Sarzeau, — madame Nicol, née Cadio de Kermainguy, à Sarzeau, — M. Renaud, fils de l'ancien député du Morbihan, à Sarzeau,— mesdemoiselles Le Moal, à Sarzeau,— Fanny Morio, — mesdames Sablier, — Dorso. — M. Desnos de la Grée fils, — mademoiselle Pocard-Kerviler, — MM. Soymier, vicaire, — Reignier, — madame veuve Génard, — un ami des Bourbons, — MM. Le Roy, cloutier, — Blevener, boulanger, — François Martin, ancien capitaine de l'armée royale, chevalier de la Légion-d'Honneur, à Saulniac, — Jean et Joseph Quélo, — Joachim Mehondat, — Yves Thomas, — Jean le Chostelle, — François Largement, — Mardrinier, vitrier, — Pantheleux, recteur, à Saint-Avé,—Claude Evenat, à Saulniac.—Joseph Le Pichon,— François-Jean Piager, chevalier de Saint-Louis, à Vannes, — François-Louis-Gabriel Piager,— Joseph Kerrant, à Theix,—Joseph Kerrant fils,— Jean et Julien Levignel, — mesdemoiselles Marie Levignel, —Mathurine Gauthier, — MM. Kerrant, cousin, — Jean Quilliec,—Maurice, Yves et Pierre Guirannic,—Jean Perado, à Theix,—Joseph Lanic,—Joseph Dubois, — Joseph et Guillaume Lepetit, — Jean Lancien, — Joseph Leroy, domestique, à Trébrat,—Auguste, — Jean Le Coq, — Louis Hudo, à Theix, — Jacques Juhel,—Pierre Brien, à Meuron, — Jean-François Brien fils, — mesdemoiselles Julie Le Coq, cuisinière, à Trebrat, — Mathurine Le Coq, domestique, — Louise Leroy, — MM. Jean Guhure, —Alban Cario, cultivateur, à Saint-Avé,— sept anonymes.

AURAY. — M. le général J. de Cadoudal, —mademoiselle Virginie de Cadoudal,—MM. G. de Cadoudal,—Guyot, notaire,—mademoiselle Marie Guyot, — MM. Guyot, licencié en droit, — Guyot fils, notaire,—Guyot, avocat — Frédéric Guyot, — Victor Guyot, — Lucas, conseiller municipal, — mademoiselle Louise Lucas, — M. Henri Lucas, — Guilloto Turiaf, — Guillaume Hulbron, — Pierre Hulbron, — Lainé, ancien chef de bataillon, chevalier de Saint-Louis, — madame Girodroux-Duval, — veuve Le Bouleis,—MM. Corneille Le Diraison,— Jouan, — mademoiselle Marie Anne Tanguy,—MM. Ezano,— Le Gallo, — Guillaume Le Gallo, — Théophile Martin, — le comte de Saint-Georges, — le comte de Saint-Georges fils, — le vicomte de Saint-Georges, — Pierre et Jean-Marie Cougoulat,—mesdames Perrine Le Port, — Jeanne-Françoise Cougoulat,— MM. Vincent Madec, — Demance, François-Prosper Bidaux,— Joseph Blavec, — Joseph Richard, — Bourdy, — un légitimiste, — madame Marguerite Allioux,— MM. Dréan,— Baudet, — deux légitimistes, — Gallène, — Tanguy, — Laurec, — J. J. Jardin, — Le Guennec, — Denis père, ex-percepteur, démissionnaire en 1830, pour refus de serment, — madame Ménan, veuve d'un légitimiste, — mesdemoiselles Denis (Félicie), —.Adine Denis, — madame veuve Denis, née Denis, — mademoiselle Marie Guillevin, domestique, — M. Emile Conan, — madame veuve Conan,—M. Alexandre Conan,—mesdemoiselles Sophronime Conan, — Adélaïde Lalande, —cinq légitimistes, — MM. Marie-Joseph Baudet, — Lebras, — Juhé, — Le Poitevin, — madame veuve Lucas Bourgerel, — Hyacinte de Penfentenyo, — mademoiselle Le Jouteux, — mesdames Condé, née Beaulieu, — Sainte-Marie, supérieure, — mesdemoiselles ***,—Lucinde Béard du Désert,—madame veuve Béard du Désert, qui ne croit pas au suicide,—mesdemoiselles Ambroisine Béard du Désert, — Marie-Louise Béard du Désert, — Amélie Humphry, — madame Jules Bioche, — MM. Antoine-Marie Pessel, tailleur, — Hernaux Lacoste,— Morel, chef de bataillon en retraite, — madame la comtesse du Laz, — un légitimiste, — MM. Querrel père,— Querrel fils;— Thinselin, — Le Doré Ansquer de Kérouars, — Jean-Baptiste Proux, — Ange-Marie Le Floch, — Crabot aîné, — François Lainé, — un inconnu, — Augustin Tanguy, — Le Doré fils, — Joseph Rosnardo, — un inconnu, — Vincent Robic, — Mathurin Rosnardo, — Joseph Burguin, — Thoriaf Le Mélinier, — Le Bras,—Le Bras fils,—madame Anne-Marie Proux, — MM. Pierre Le Moing, —Le Donnant fils,—Louis Le Gloahec, de Ploërmel,—le vicomte Ernest de Saint-Georges,—Pierre Mallet,—Jean-Marie Mallet,—Burban, —Guillaume Gougoulic,—Joseph Le Port,—Coriton, d'Erdeven, échappé des prisons d'Auray, à la suite de l'expédition de Quiberon, — madame de Kernavavois du Bois-David,— mademoiselle de Kernavavois du Bois-David, — M. Le Milloch, chevalier de Saint-Louis, ancien condéen, — mademoiselle de Mauduit, — M. Hy de Mauduit, — mademoiselle Ang. de Mauduit, — mademoiselle Joséphine de Mauduit, — M. Jean-Marie Le Gouard, de la Trinité-en-Carnac,—madame la comtesse de Gouvello — la comtesse Henriette de Gouvello,—un ecclésiastique, desservant, mesdemoiselles Babet Guyot, — Fanny Guyot, — Le Verger, — madame Sophie Le Normand,— MM. Désiré Kervadec,— Eugène de Beschard, — Elie Le Fol,—Joachim Conan,—Charles Conan,—mesdemoiselles Perrine Conan, — Marie-Josephe Conan , — madame Démance, — mademoiselle Hermine Démance,—MM. Ernest Démance, — Henri Démance, — Français le Moustre, — Henri Schliesbusch, — Yves-Marie Schliesbusch , — Isidore Labousse, — Pierre Leliboux, — Jacob, — Louis Rayet, — Jean-Marie Rault, —Joseph Conan,—Joseph Le Bagousse —Vincent Kermorvant, — mademoiselle Marie-Anne Jacob, — MM. Christophe Gohébel, — Joseph Danic , — Pierre Le Gallo, — Julien Cadudal, — Pierre Guenhaël, — madame Marie-Jeanne Le Guennec,—mademoiselle Marie-Louise Le Guennec,—Caroline Le Guennec,— Julie Le Guennec, — Virginie Le Guennec, — Jean-Marie Le Guennec, — Joseph Le Roux,—mesdemoiselles Catherine Le Guennec, — Marie-Anne Le Guennec, —Marie-Anne Le Blaye,—MM. Marie Lorec, — Jean-Marie Le Guennec, ancien maire, — Jean-Michel Le Guennec, — Mathurin Bagousse, — Jean-Marie Le Guennec,—madame Le Guennec,—mesdemoiselles Françoise Le Guennec,—Anna Le Guennec , — Philomène Le Guennec ,—MM. Jean-Marie Le Tallec père, — Jean-Marie Le Tallec fils, — mesdemoiselles Françoise Le Guennec, — Anna Le Guennec, — Marie-Jeanne Le Guennec, — MM. Marie Thomas, de Baud, — Simon Le Roy, — Mathurin Jean,— mesdames Marie-Louise Jean, — Marie-Jeanne Le Tallec,—Marie-Hélène Le Tallec, — Anna Le Tallec, née Thomas,— MM. Mathurin Guégan, de Baud, — Julien-Marie Le Bot, — Pierre Jean , — Marie-Josephe Le Falher, — Julien le Falher.

BADEN. — MM. Joseph Benvel, — Pierre Caudrez, — Jean-Marie Colo,— François le Rohellic, — Mathurin Guillemot (1), — Mathurin le Goguec, — Barnabé le Bihan,—Jean Pérèze, — Vincent Clœrec, — Joseph Clœrec, — Mahéo, — Sélo, — Mahéo, — Le Douarin, — Péresse, — le Galle, — Kerbastard , — Guilloux , — un anonyme , — Jacob, —Robert, — Sélo, — Largoet, — le Berrigaud, — Audran, — le Berrigaud, — Jégat, —Thomaso,— Rohellec,—Roperh,— Pierre Guillemot (2), — Mathurin Robert, — Jean-le-Vigouroux , tous cultivateurs.

ARRADON. — MM. Jean le Maréchal, ancien capitaine de Georges de Cadoudal, — Joseph Riguidel, — Vincent Riguidel, — Mathurin Mahéo,

(1) Un des neveux de Pierre Guillemot, chef de division dans l'armée du général Georges de Cadoudal.

(2) Neveu de M. Guillemot, fusillé pour son ROI, comme chef de division de l'armée du général Georges de Cadoudal.

— mademoiselle Anne Riguidel, — MM. Sébastien Arze, — Joseph Le Treste, — mesdames Perrine Allano, — veuve Cloërec, — MM. Jean Rio, — Jean Vincent Jégal, — Gabriel Riguidel, — Nicolas Dano, — Martin Pichon, — Sébastien Créquer, — mesdames veuve Anne Clœrec, — veuve Le Goualen, — mademoiselle Louise Hervieu, — MM. Julien Le Treste, — Vincent Cloërec, — Louis Le Rohellec, — Marie-Vincent Le Gat, — mademoiselle Jeanne Tanguy, — M. Henri Le Treste, — un anonyme, — MM. Pierre Le Guennec, — Le Brix. — Gabriel Orjubin, — un anonyme, — MM. Jean-Marie Cloërec, — Jean Binvel, — Joseph Tanguy, — Jean Riguidel, — Marie-Joseph Calonnec, — Julien Le Barre, — deux anonymes, — MM. Yves Pautremort, — Jean Cario, — Joseph Le Viquel, — Julien Arze, — Julien Créquer, — Pierre Lohic, — Abel Riguidel, — Augustin Créquer, — Mathurin Le Barre, — Yves Leport, — Pierre Rio, — David Le Guillanton, — Pierre Le Rohellec, — Julien Allano, — Jean Le Drévo, — Mathurin Rio, — Mathurin Josse, — Jean Le Pelvé, — Joseph Rio, — Guillaume Fauen, — Julien Lainé, — Ivonne Pierre, — Henri Le Port, — Jean Rio, — Jean-Marie Jégo, — Pierre Le Bihan, — mademoiselle Louise Le Treste, — MM. Jean-Marie Jiquel, — Joachim Cloërec, — mademoiselle Marie-Anne Le Bihan, — MM. Marie Le Treste, — Marie-Joseph Le Clainche, — mesdemoiselles Anne Hervieu, — Perrine Le Roi, — Anne Ahulau, — MM. Le Marholhec, — Jean Le Treste, — Augustin Jiquel, — Vincent Le Rohellec, — Jean Cato, — Joachim Mahé, — Jean Créniquis, — Mathurin Célilos, — Jean-Marie Allanic, — Guillaume Eveno, — Pierre Fravaio, — Jean Le Groique. — Pierre Le Quilville, — Joseph Le Quilville, — Jean Le Garvé, — Jean-Vincent Lucas, — Joachim Le Doirine — Pierre Sarsaré, — Pierre Le Doirine, — Jean-Marie Le Treste, — Marie Le Papillon, — Jiquello, vicaire d'Arradon, — Le Diot, recteur de l'Ile-aux-Moines, — Jean Pédrono, — Vincent Le Gat, — Mathurin Gilet, — Joseph Allano, — Joseph Le Gat, — Nicolas Créquer, — Julien Dano, — Joseph Le Rohellec, — Joseph Josse, — Henri Le Treste, — Joachim Stouder, — Mathurin Ludec, — Jean Foëno, — Vincent Gauthier, — Mathurin Guillouzic, — Mériadec Le Loerec, — Bazile Eano, — Charles Le Jondre, toujours malheureux mais toujours fidèle, — Pierre Laigo, — Joseph Tatibouët, — Louis Robert, — Jean-Marie Morgant, — Mathurin Cloarec, — Vincent Mahévaut, — Olivier Le Vigouroux, — Martin Créquer, — Bazile Riguidel, — Jean Joseph Ardeven, — Jean-Marie Le Breuh, — mademoiselle Le Pan, — mesdames veuve Le Portz, — Yvonne Dano, — MM. Claude Le Jondre, — Jean Mathurin Le Jondre, — Nicolas Créquer.

ELVEN. — MM. Joseph Gambert, — Yves-Marc Gambert, — Alexis Guilloys, — Pierre Lefranc, — Mathurin Le Luel, — Jean-Louis Le Thiec, — Julien Simon, — Jean-Louis Eveno, — Jacques Le Clainche, Michel Le Bourdat, — Julien Horse, — Jean-Marie Menet, — Jean-Marie Guimard, — Pierre Eon, — Pierre Le Déan, — Jean Nouaille, — Joseph Le Brec, — Pierre Le Brec, — Etienne Le Brec, — Michel Le Floch, — Jean-Louis Menet, — Louis Le Thiec, — Mathurin Guinard, — Joachim Ars, — Yves-Marie Ars, — Guillaume Le Cadre, — Louis le Cadre, — Jean Nouaille, — Louis Mahéo, — Joseph Laffiac, — Jean Laffiac, — Julien Daniel, — Yves Gatinel, — Guillaume Gatinel, — Jean-Marie Lorjoux, — Louis Lorjoux, — Pierre Lorjoux, — Isidore Lorjoux, — Pierre Losvis, — Vincent Losvis, — Jean-Pierre Le Méné, — Jean-Pierre Nicol, — Jean-Marie Nio, — Jacques Le Brec, — Jean-Marie Le Brec, — Joseph Le Brec, — Jean-François Le Brec, — Bon Rival, — Joachim Le Corno, — François Le Brec, — Claude Cario, — Joseph Le Mené, — Louis Le Boursicaud, — Vincent Le Mené, — Yves Simon, — René Losvis, — Julien Renaud, — Prançois Le Mené, — Jean-Marie Le Mené, — Bertrand Le Feuve, — François Le Nevé, — Joseph Le Viavan, — René le Viavan, — René Le Nevé, — François Le Nevé, — Pierre Le Nevé, — Denis Le Nevé, — Louis Le Pajolec, — Jean Le Pajolec, — Pierre Le Magré, — Yves Le Magré, — Pierre Nouaille, — Julien Nouaille, — Allan Le Pellerin, — Guillaume Quéran, — Jean-François Le Nevé, — Jean Le Brun, — Alban Le Brun, — Joseph Le Brun, — Jean-Marie Le Brun, — Alban Le Moël, — Pierre Le Ny, — Joseph Nouaille, — Joseph Nouaille, — Yves Nouaille, — Julien Mahé, — Pierre Le Pellerin, — Jean-Marie Hémon, — Pierre Hémon, — Mathurin Le Luel, — Guillaume Le Luel, — Pierre Le Luel, — Jean-Pierre Trioriec, — Mathurin Rio, — Mathurin Evain, — Jean Mahé, — Claude Joannic, Michel Lezanno, — Pierre Conan, — Jacques Conan, — Pierre Quéran, — Jean-Marie Le Pajollec, — Jean-Baptiste Le Bachelier, — Guillaume Gatinel, — Mathurin Gatinel, — Martin Le Pajollec, — Guillaume Bertho, — Mathurin Bertho, — Pascal Bertho, — Mathurin Le Métec, — Pierre-Marie Le Brun, — Jean-Marie Le Brun, — René Le Luel, — Mathurin Le Luel, — Yves Le Berrigaud, — Vincent Le Luhel, — Jean Thomas, — Jean-Marie Le Boursicaud, — François Le Boursicaud, — Jean-Marie Berdou, — Joseph Langlos, — Jean-Louis Le Floch, — Alban Daniel, — Vincent Daniel, — Joseph Perrono, — Jean-Marie Bocher, — Olivier Pedron, — Pierre Cadoret, — Jean-Marie Tonzé, — Mathurin Lodé, — Laurent Le Bian, — Jean Le Pinru, — Mathurin Guégan, — Julien Le Pautremat, — Julien Le Luel, — Jean-Marie Le

Luel, — Jean-Marie Le Masson, — Joseph Le Masson, — Pierre-Marie Hoëllard, — Jean-Marie Marion, — Mathurin Guyodo, — Joseph et Mathurin Thébaud, — Mathurin Nouaillé, — Mathurin, Olivier et Pierre-Marie Laffiac, — Mathurin Laffiac, — Pierre Guyot, — Louis Guyot, — Vincent Guyot, — Louis Gousset, — Jean-Marie Simon, — Alban Le Brun, — Vincent Lamour, — mademoiselle Marie-Jeanne Lamour, — MM. Mathurin Ruaud, — Jacques Ruaud, — Mathurin Ruaud, — Jacques Carré, — Mathurin Carré, — Joseph Carré, — Joseph Hulchos, — Jean Hulchos, — Jacques Le Nevé, — Julien Le Clainche, — Louis Le Derf, — Pierre Jouannic, — Joseph Ruaud, — Vincent Lalla, — Olivier Herpain, — Jean Roussain, — Pierre Roussain, — Augustin Le Brun, — Pierre Le Boursicaud, — Jean-Louis Jehanno, — Billis Le Tallec, — Jean-Marie Le Nevé, — Jacques Le Boursicaud, — Guillaume Le Bihan, — Pierre Le Bihan, — Jacques Cormal, — Jean Joltes, — François Le Brecque, — Julien Le Pinru, — François Cadoret, — Jean-Marie Le Boursicaud, — Jean-Marie Le Pellerin, — Joseph Ruaud, — François Le Boursicaud, — Mathurin Le Texier, — Charles Pedron, — Jean-Marie Le Luhern, — François Barbier, — Guillaume Larmet, — Jean Guyot, — Le Texier, — Marc Nicolas, — Jean-Louis Nicolas, — Mathurin Nicolas, — Joseph Nicolas, — Yves Bourdat, — Joseph Bourdat, — Jean-Marie Gousset, — Louis Gousset, — Julien Corvec, — Alban Hollar, — Jean Richard, — Pierre Moisan, — Julien-Marie Moisan, — Pierre-Marie Moisan, — Yves Le Derf, — François Barée, — François Nevé, — Jean Nevé, — Guillaume Jégat, — Yves Ruaud, — Louis Ruaud, — Yves Quintin, — Vincent Quintin, — Mathurin Jouannic, — Mathurin Quintin, — François Pinru, — Joseph Allanic, — Joseph Jachil, — Vincent Bocher, — Désiré Labillois, — Julien Barbier, — Yves Pedrono, — Nicolas Bocher, — Jacques Bocher, — Joseph Conan, — Pierre Montrelay, — Jacques Montrelay, — Mathurin Le Liennec, — Vincent Ruaud, — Vincent-Marie Ruaud, — Vincent Tassin, — Pierre Kersuzan, — Jean-Marie Dolberre, — Yves Le Courtois, — Claude Le Courtois, — Joseph Le Courtois, — Pierre-Marie Le Courtois, — Jean-Marie Jubin, — Nicolas Losviss, — Pierre Carré, — Pierre Olivier, — Pierre Massé, — Vincent Piquit, — Jean Joannic, — Joseph Joannic, — Mathurin Codalle, — Jacques Codalle, — Pierre Guého, — Mathurin Nicolas, — Jean Guého, — Jean-Louis Hollard, — Julien Ruaud, — Joseph Ruaud, — Julien Jégat, — Pierre-Marie Jégat, — Louis Jégat, — Jean Penven, — François Le Ny, — Jean-Louis Ruaud, — Joseph Rio, — Jean-Guillaume Le Derf, — Yves Hays, — Joseph Le Ny, — Luc-Marie Le Ny, — Jean-Louis Le Ny, — Mathurin Dréano, —

Jean-Pierre Dréano, — Jean Marion, — Julien Le Derf, — Grégoire Le Calonnec, — Noël Le Calonnec, — Julien Ars, — François Marin, — Mathurin Marin, — Joseph Sayez, — André Ars, — Guillaume Bocher, — Maurice Le Nevé, — Guillaume Le Bihan, — Pierre Le Bihan, — Joseph Le Nevé, — Réné Le Suel, — Jean-Marie Le Clainche, — Mathurin Le Clainche, — Jean Le Clainche, — Jean-Pierre Gambert, — Jean-Pierre Gambert, — Mathurin Le Luel, — Jean-Louis Le Lohé, — Jean-Louis Le Guénan, — Jean Le Corre, — Jacques Guérin, — Jean-Marie Guérin, — Mathurin Le Ty, — Joseph Gousset, — Louis Le Gaille, — Vincent Le Payen, — Pierre-Julien Evain, — Vincent Ars, — Louis Ars, — Pierre-Marie Ars, — Julien Conan, — Pierre-Marie Conan, — Joseph Conan, — Pierre Guillot, — Julien Guyot, — Guillaume Le Corre, — Vincent Kersuzan, — Jean Kersuzan, — Louis-Jules Ruaud, — Joachim Le Garnec, — Jean Holil, — Pierre-Marie Ruaud, — Julien Le Grumelec, — Jean Le Clainche, — Vincent Le Clainche, — Joseph Le Berrigaud, — Jean-Louis Le Bourdat, — Jean-Louis Le Bourdat, — Jacques Martin, — Jean Martin, — Jacques Martin, — Jean-Marie Le Claire, — Jean-Marie Le Claire, — Julien Le Claire, — François Le Claire, — Joseph Martin, — Julien Martin, — Jean Martin, — Jacques Martin, — Joseph Guidoux, — Jean Guidoux, — Jean Peguenner, — Jean-Marie et Julien Ruaud,—Jean et Joseph le Rouic,—Joseph le Brenn, —Yves et Julien le Berrigaud, — Marc le Moëlle, — François, Joseph, Yves et Julien le Berrigaud,— Pierre, Vincent et Julien Daniel, — François Gaultier,—Vincent Renaud,—Jean et Joseph Rouillé, — Yves, Vincent et Laurent Morice, — Morice-Tuelle, — Julien, Jean-Louis et Julien Ruaud, — Jean Montrelay, — Jacques et Olivier Guimarho, — Julien Pierre, — Jean Bocher, — Michel Rouxel, — Jean Morio, — François Mahéo, — Pierre, Joseph et Jean Lepellerin, — Mathurin et Jean-Marie Lefol, — Louis et Michel Le Corre, — Jean, Jean, Julien et Joseph Daniel, — Nicolas, Vincent et Yves Meyec, — Joseph Le Bitre, — Mathurin Pasco, — Joseph, Louis, Jean et Jean-Pierre Nouaille, — Michel Ofiéro, — Pierre et Jacques Ruaud, — Jacques Renaud, — Julien, Jean-Pierre et Joseph Pierre, — Yves Daniel, — Mathurin et Ange Raux, — Louis et Pierre Lorgoux, — Mathurin Garel, — Joseph le Floch, — mesdames veuve Ruaud, née Gambert, — veuve Gambert, née Ruaud, — MM. Julien et Marie-Joseph Ruaud,—mesdames Jeanne-Marie Ruaud,— veuve Guihur, née Lepage, — mademoiselle Marie-Anne Guihur, — M. Marie Raul, — mademoiselle Périne Raul, — MM. Pierre-Marie Lorgoux, — Julien Raul, — madame Jeanne-Marie-Hyacinthe Nouaille, — MM. Joseph Hors,— Joseph Hors fils,— Louis et Marie Hors,— Joseph-

Marie Le Floch, — Jean-Marie Laffiac, — Jean-Marie Le Brun, — Marc
Le Garnec, — madame Julienne-Marie Le Garnec, — M. François Le
Garnec, — mesdames Madeleine Le Garnec, — Julienne-Marie Le Gué-
vel, — Mathurine Trigouet, — Marie-Jeanne Galo, — MM. Julien,
Auguste et Jean Trigouet, — François Ruaud, — madame Jeanne-Marie
Le Texier,—MM. Jacques, Julien, Hyacinthe, Pierre et Joseph Ruaud,—
Pierre-Julien Martin, — Marie Le Bourbasquet, — madame Sébastienne
Hippolyte Menet, — M. Mathurin Gravic, — mesdames Anne Le Barbier,
— Anne Le Goff,—Sébastienne Le Tribalier,—Jeanne Le Nys,—Jeanne-
Marie Ruaud, — MM. Guillaume Gachet, ex-gendarme, démissionnaire,
—Jean-Marie Gachet,—mesdames Louise et Jeanne Le Mué,— M. Marie
Lebourdat, — madame Marguerite Lebourdat, — MM. Alban Bily, —
Yves Le Berthe, — madame Jeanne Le Calonnec, — MM. Ambroise
Hors, — Vincent Maudet, — Ambroise Hors, — madame Julienne Hors,
—MM. Yves et Joachim Guillanton,— mesdames Jeanne Hors,— Jeanne-
Marie Le Clainche,—MM. Julien Simon, — Gabriel, Jean et René Guil-
lanton,—Marie Jégo,—Jean-Marie et François Allanic,—Joachim Nicolas,
—Alban Bourdat,—Joseph Barbier,—mesdames Jeanne le Tribalier,—Vin-
cente Hors,— M. Mathurin Le Ny, — madame Jacquette Guyouvarch,—
MM. Olivier Le Pichon, — Mathurin Ruaud, — Joseph Daniel, — Pierre
Cadoret, — Pierre Riguidel, — Jean-Marie et Jacques Le Boursuaud, —
Louis Le Barbier père, — Jean-Louis Le Barbier fils, — Jean-Louis Le
Barbier aîné, — Louis-Marie et Thomas Rio, — Pierre Le Barbier, —
mademoiselle Louise Gicquel, — M. Jacques Gachet, — madame Gachet,
— M. Pierre Geller, — madame veuve Nouaillier, — MM. Jean et Marie
Nouaillier,— François et Pierre Le Boursuaud, — mesdames Marie-Anne
et Marie-Julienne Le Corvec,—MM. Joseph-Marie Le Corvec,—Julien Le
Guil,—Yves et Vincent Le Masson,—Jacques Nicolas,— Pierre Le Méro,
— madame veuve Le Méro,— MM. Marc Hoëllard, — Louis Peunuenne,
—Marc Le Guével,—Joseph Le Méro,—René Jégat,—Louis et François
Allanic,—Mathurin Allanic,— Mathurin Le Pautremat,— Joseph Nico-
las,—Vincent-Marie Nicolas,— Mathurin Le Luel,—Mathurin Le Quilliec,
— Jean Lehay, — René Allanic, — femme Allanic, — madame Jeanne-
Marie Nicolas, — M. Pierre Le Boursuaud,— madame Jeanne Le Brech,
— MM. Jacques Le Boursuaud, — Pierre Cario, — Pierre Maury, — ma-
dame Jeanne-Marie Le Guil, — MM. Le Corre père et fils, — Mathurin
Le Brun, — Louis-Marie Le Luel, — madame Louise Le Pajollec, —
MM. Pierre Le Corre,— Jacques Le Ny, — Louis Le Ny, — Jean-Pierre
Le Ny, — madame Marie-Mathurine Le Ny, — MM. Jacques Le Ny, —
François Le Ny, — Jean-Pierre Le Ny, — François Le Barbier, — mes-

dames Perrine Le Ny, — Marie-Louise Jouannic, — Vincente Jouannic,
— Anne Quiban, — MM. Joseph Le Bourdat, — Jean-François Protendu,
— Guillaume Protendu, — Jean-François Eon, — Joseph Le Clainche, —
Mathurin Protain, — Marc Richard, — Joseph Le Corre, — Jean-Marie
Ruaud, — Guillaume et Jean-Marie Ruaud, — Julien Hoëllard, —
— Pierre, Guillaume et Joseph Le Clainche jeune, — Pierre Ruaud, —
mademoiselle Françoise Le Ny, — MM. Guillaume Richard, — Michel
Le Clainche, — Joseph Le Clainche aîné, — Marie Gueneveu, — Pierre
Le Clainche, — madame Marie-Julienne Le Clainche, — M. Joseph Mau-
rice, — mademoiselle Marguerite Dorso, — MM. Marie-Joseph Pedrono,
— Marie Maurice, — Joseph-Marie Eveno, — François Le Luel, — Guil-
laume Marie Le Clainche, — Louis Le Clainche, — Pierre Le Clainche, —
Bernard Le Clainche, — Guillaume Le Luel, — Jean Le Luel, — madame
Jeanne Le Luel, — MM. Étienne Le Courtois, — Vincent Le Courtois, —
Yvonne Sanson, — Jean-Vincent Le Courtois, — François Daniel, —
Pierre Daniel jeune, — madame Jeanne Renaud, — MM. Pierre et
Jean Le Clainche, — Yves Le Courtois, — Mathurin Le Courtois,
— Jean-Marie et Julien Le Roux, — François-Marie Khervé, — Vincent
Marie Khervé, — Marie Quilliec, — Marie Khervé, — Guillaume Rio, —
Jean-Pierre Rio, — mesdames Jeanne Rio, — Jeanne Le Horiec, —
MM. Paul Thomazo, — Jean Thomazo, — Jean-Pierre Thomazo, —
Pierre Bredoux, — madame Jeanne-Marie Thomazo, — M. Isidore Tho-
mazo, — madame Jeanne Ruaud, — MM. Nicolas Gain, — Olivier Gain,
— madame Marie-Françoise Le Nevé, — M. Jean Glouzic, — Marie Le
Fèvre, Jean-Louis Le Fèvre, — madame Louise-Marie Le Fèvre, —
MM. Joseph Le Fèvre, — Jean Le Moël, — madame Jeanne Le Bour-
suaud, — MM. Marie-Vincent Desné, — René Nicolas, — Marie Conan,
— Mathurin Cordin, — Marie Nouailler, — François Cléro, — Martin Garel,
Vincent Le Jallé, — Louis Le Ny, — Pierre Evelain, — Marie Le Courtois,
— mesdames Jeanne-Marie Le Jallé. — veuve Jeanne Le Garjean aînée,
— veuve Le Garjean jeune.

GUÉGON. — MM. Louis Jouan, — Pierre-Marie Lefloch, — Jean-Marie
Haye, — Louis-Marie Deslandes, — Benony Michel, — Pierre Malabœuf,
— Mathurin Michel, — Louis Nizan, — Louis-Henri Michel, — Joseph
Mabon, — Joseph Pichot, — François-Marie Olivier, — François-Marie
Jouan, — Henri-Louis-Marie et Onézime-Jean-Pierre Jouan, — mes-
dames Louise-Marie Jouan, — Louise-Marie Lefloch, — M. Yves-
Marie Olivier, — mesdames Mathurine Olivier, — Marie-Julienne
Olivier, — MM. Marie-Vincent Olivier, — François-Marie Mi-
chel, — Jean-Marie Michel, — Joseph Laly, — Jean-Marie Guil-

laume , — Jean Joubin, — Mathurin Guillaume , — François Guillaume, — madame Françoise Guillaume, — MM. Touzé René, — Marie Gougaud , — madame Louise Touzé, — MM. Joseph Tremard, — François Bernard, — Louis-Marie Guillaume, — Julien Guillaume, — Yvonne Le Breton, — Jean Guillaume, — mesdames Madelaine Guillaume, — Jeanne Joubier, — M. Yves Guillaume, — mesdames Jeanne Luel, — Perrine Roscher, — MM. Jean-Marie Roscher, Julien Gougaud, — mesdames Julienne Perro, — Marie, propriétaire, — Julienne Chevalier, — M. Mahieux, — mesdames Mathurine Picard, — Julienne Gavaud, — Anne-Marie Prioux, — MM. Jean et Loup Gavaud, — madame Marianne Legoff, — MM. Pierre Legoff, — Joseph, Julien, Jean-Louis et Joseph Meur, — madame Julienne Meur, — MM. Julien Guihur, — Jean-François, Vincent et Jean-Marie Guillaume, — mesdames Anne Josse, — Jeanne-Marie Nayl, — MM. Mathurin, Julien et Jean Guillaume, — mesdames Jeanne Laly, — Marie-Françoise et Périne Guillaume, — MM. Julien et Louis Gourmel. — Yvonne Dréano, — Vincent Boussicourt, — Julien Rio , — mesdames Jeanne-Marie Morio , — Mathurine Guoedo, — MM. Yves et Jean-Louis Danet, — madame Julienne Dréano, — M. François Lovic, — madame Yvonne Dréano, — M. Jean Lovic, — mesdames Julienne Le Guennec, — Françoise-Marie Le Guennec, — M. Pierre Le Guennec, — madame Julienne Bourlo, — MM. Guillaume Le Guennec, — mesdames Marie et Jeanne Joubier, — Vincente Joubier, — Jeanne Fleury, — M. Louis Joubier, — madame Mathurine Fleury, — M. Julien-Marie Fleury, — madame Perrine Lecuyer, — MM. Vincent Fleury, — Jean et Louis-Marie Gicquel, — Louis-Marie Olivier, — madame Jeanne Gicquel, — MM. Louis-Marie Gicquel, — Mathurin Lefloch, — madame Jeanne-Marie Daniel, — MM. Gabriel Boussicaud, — Mathurin Hervo, — mesdames Marie-Louise Hervo, — Mathurine Meur, — MM. Jean-Marie et Mathurin Meur, — 'madame Jeanne Caudal, — MM. Marie Maury, — Jean Texier, — Marie Lelièvre, — Pierre Texier, — Joseph Nouvel, — Vincent, Yves et Mathieu Mahieux, — mesdames Reine Michel, — Jeanne-Marie Trévedy, — MM. François, Louis et Yves Lefloch, — Yvonne Dréano, — mesdames Marie-Louise et Louise Lefloch, — M. Yvonne Lefloch, — mesdames Mathurine Coudray, — Anne-Marie Le Gal, — MM. Vincent Michel, — Louis Guillo, — Benoni et Vincent Le Breton. — mesdames Julienne Le Breton, — Perrine et Jeanne Guillaume, — MM. Marie Guillaume, — Benoni Danet, — Jean-Marie Allain, — madame Catherine Allain, — MM. Augustin Malherbe, — Joachim, Jean-Louis et Julien Nouvel, — mesdames Françoise Prodhomme, — Françoise et Jeanne Nouvel, — MM. Jean-Marie Deslandes, — Jean Roselier.

Jean Guillo, — François Danet, — Joachim Allain, Jean Le Guennec, — Pierre Meur , — André , Pierre et Mathurin Merlet , — mesdames Jeanne-Marie Tanguy, — Perrine et Mathurine Merlet , — MM. François Malabœuf, — Guillaume Duval, — mesdames Jeanne-Marie Merlet, —Anne-Marie Simon, — Jeanne-Marie Jouan,— MM. Yves, François et Julien Olivier, — Mathurin Surel , — madame Marianne Olivier, — M. Marie-Joseph Olivier, — madame Louise Besnard, — MM. François Roselier, — Marie Olivier, — Marie Guillo , — Marie Olivier, — madame Félicité Olivier , — MM. Mathurin Leblanc, — Jean Haneux, — Pierre Pirio, — mesdemoiselles Rose Pirio, — Rose Chevalier, — M. Mathurin Guihur, — madame Perrine Pirio, — MM. Pierre Guihur, — Louis, Jean, Jean-Jacques et Louis Lemercier, — mesdames Vincente Bougie , — Marie-Louise Samson, — MM. Julien et Jean Allain, — Marie Samson, — Marie Allain, —madame Catherine Guimard, — MM. Louis Théraud, — Pierre Tanguy, — mesdames Marie-Louise Le Meur, — Perrine Cartheron, — MM. Yves Mounier, — Jean Gronvalet,— Guérin Guillo, — Auguste et madame Antoinette Vigouroux, — M. Marie Piquet, — madame Perrine Pirio, — MM. René et Joseph Malabœuf, — François Le Guével, — Pierre Deslandes, — madame Vincente Deslandes, — MM. Pascal Macé, — Yvonne Guillo , — Michel et Michel Laly , — Mathurin Février, — Mathurin et Jean Grandin, — madame Julienne David , — MM. Marie Gougaud, — Jean-Louis et François Le Cam, — madame Perrine Le Gal, — madame Thérèse Le Cam, — MM. Mathurin et Louis Bernard, — Yves Théraud, — Pierre Olivier, — mesdames Jeanne Guillaume , — Reine Olivier, — M. Pierre Olivier, — mesdames Louise Danet, — Marie-Françoise, Françoise, Jeanne-Marie et Louise-Marie Haye , — MM. Joseph-Marie Haye ,— François-Marie Guilloux, — Jean Allain, — Philippe Guillaume , — Julien Ménage , — Mathurin Tanguy, — Louis Janvier, — mesdames Anne-Marie Michel, — Marie-Louise Barrio , — MM. Julien-Marie et Pierre-Marie Tanguy , — madame Louise Thomassin, — M. Julien-Marie Tanguy , — mesdames Marie-Louise Tanguy, — Guillemette Angers, — M. Mathurin Gillet, — madame Jacquette Boulaine , — MM. Pierre et Joseph Gillet, — mesdames Louise et Jeanne-Marie Gillet , — Marie-Julienne Robert, — MM. Jeanne-Louise Haneux, — François-Marie Bonpais, — Jean Guillaume , — madame Simonne Pilard , — MM. Louis et Pierre Guillo, — mesdames Perrinne Danet, — Louise, Perrine et Marie-Jeanne Guillo, — MM. Mathurin Le Cam , — Jean-Louis , Pierre et Joseph Guillo, — Pierre Le Meur, — madame Louise Marquet, — M. Joseph Théraud, — mesdames Julienne Le Douarain, — Vincente Nizan, — MM. Mathurin

Cadoret, — Mathurin Nizan, — Pierre André, — mesdames Perrine Jan-
vier, — Guillemette Cobigo, — M. Jean Le Breton, — mesdames Mathu-
rine Jean, — Perrine Cobigo, — MM. Mathurin Le Breton, — Marie
Haye, — madame Perrine Le Breton, — MM. Vincent et Jean Le Bre-
ton,— madame Mathurine Le Breton,— M. Yves Le Breton,— madame
Jeanne Garel, — MM. Yvonne, Marie, Julien, Jean-Louis et François-
Marie Guillaume,— madame Marie-Anne Guillo,— MM. Olive Michel,—
Olive Faraud, — mesdames Marie-Julienne et Anne-Marie Faraud,—
MM. Mathurin Gourmil, — Benjamin et Jean-Louis Dubot, — madame
Marie-Françoise Danet, — M. Benjamin Dahée, — madame Julienne
Nizan, — M. Thomas Crétard, — mesdames Vincente, Julienne et Ma-
rie-Jeanne Crétard, — M. Julien Dréano, — madame Julienne Belon,
MM. Benoni Gicquel, — Jacques Malabœuf, — mesdames Anne Gicquel,
— Françoise Malabœuf, — M. Jean-Marie Guillaume, — madame Fran-
çoise Crétard,— MM. François Piquet, — Jean-Marie Moyet,—mesdames
Ursule Boissel, — Marie-Julienne, Vincente et Marie-Françoise Moyet,
Marianne Haye, — M. Colomban Dubot, — madame Julienne Caradec,
— M. Jean Nouvel, — madame Anne-Marie Merlet, — M. Jean-Marie
Nouvel, — madame Jeanne-Marie Nouvel, — MM. Jacques Caradec, —
Mathurin Morice, — Louis Caradec, — François Bily, — madame Jeanne
Allanic, — MM. Pierre Baron, — Yvonne Possavant, — Julien Bous-
suaud, — madame Anne Danet, — M. Mathurin Glair, — madame Jeanne
Allain, — M. Mathurin Danet, — madame Marie-Julienne Guillaume, —
MM. Philippe Danet, — François Pedrono, — madame Jeanne Cadieux,
— M. Jean Le Douarain, — madame Perine Lorfeuve, — MM. Pierre-
Marie Le Douarain, — Jean Lorfeuve, — Julien Mahieux, — Jean et
Julien Olivo, — Jean-Marie Lorfeuve, — madame Vincente Lorfeuve, —
MM. François Nouvel, — Louis-Aristide Gazeau de Boucheries, — Abel
de Gourden,— François, Jean-Louis et Bastien Olivo, — mesdames Rose
Olivo, — Julienne Chevalier.

LANNOUÉE. — MM. Laurent Jouan, adjoint, — Jean-Marie Richard,
instituteur,—Jean Gronvalet, laboureur,—Anne André,—Pierre Mahieux,
— Pierre Jollivet, — Mathurin Jouan,— Augustin Jouan,—Julien Jouan,
— Jean-Marie Jollivet, — Jean-Marie le Breton, — Marie André,—Julien
le Breton, — Henri le Breton, — Henri Jouan, — Joseph Noël Jallu, —
Joseph-Marie Jallu, — Julien André, — Marie Jouan, — Louis André,—
François André, — Julien Jouan, — Eugène Jouan, — Jean André, —
François Deslandes, — Marie Lorand, — Hippolyte Deslandes, — Pierre
Eon, — Jean-François Eon, — Julien Sablé, — Jean Bochet, — Yves
Bellon, — Julien Calmet, — Pierre Allin, — Marie-Joseph Palloc, —

Julien Mahieux, — Julien Guilloux, — Jean-Marie-Guilloux, — Jean Ja-
goudet,— mesdames Mathurine Raulet,— Jeanne Lefloch,—Anne-Marie
André, — Marie André, — Vincente Jouan, — Marie-Vincente Jouan,
— Anastasie André, — Anne Maugan, — Jeanne Bochet,— Veuve Allin,
— Françoise Calmet, — veuve Pallec, — Anne Le Breton, — Louise
Roussel,—MM. Pierre Chantrel,—François Châtel,—Thomasse Mahieux,
— Guillaume Olivier, — Jean Guilloux, — Jean-Louis Trévedy, — Yves
Jagoudet, — Mathurin Prodome, dévoué de 1815.

BILLIO.— MM. Jean Marie Tregarot,— Mathurin Nouaille,— Mathurin
Laduré, — Jean Caro,— Jean Caro jeune, — Julien Guillo, — Mathurin
Guillo, — Allain, recteur,—Jacques Lethies, — Jean Guillo, —mesdames
veuve Jean Morice,—veuve Mathurin Joubioux, — M. Pierre Martin,—
madame veuve Lemercier,—MM. Joseph Perrotin,—Jean Marie Vicaud,
— Pierre Guillochon, — Louis-Marie Courtel, — François Courtel, —
Jean-Louis Trégarot.

PLUMELEC. — MM. Joseph Le Blanc, maire, — Maurice Cadieu, —
Julien Laduré, — Jean Mathurin Troisard, — François Moisan, — Vin-
cent Kerdal, — Mathurin Daniélo, — Jean-Marie Giquello, — Pierre
Benard, — Joachim Picaud, — Julien Vicaud, — Pierre Satard, — ma-
dame veuve Dano,—MM. Yves Charlot,—Pierre Pedrono,—Delabuhargy,
— Pierre Lorand, — Laurent Guyot, — Jean-Marie Boiry, — Etienne
Briand, — Joseph Dené, — Jean-Marie Loisel, — Mathurin Jéfroy, —
Louis Pérotin, — Joachim Davaud, — Vincent Davaud, — Jean-Marie
Guénédal, — Jean-Marie Vicaud, — Mathurin Grignon, — Pierre Leguil,
— Boché Melé, — Mathurin Sablay, — Guillaume Martin, — Nicolas
Jéfrédo,—Joseph Le Bel,—Pierre Brohan,—Pierre Juhel,—Pierre Drou-
gard, — Mathurin Le Labourier, — Mathurin Courtel, — Vincent Boché,
— Denis Pedrono, — Joseph Déné, — Jean-Marie Le Derf, —François
Guédo, — Julien Le Bel, — madame veuve Le Bel, — MM. Jean Morin,
François Guillochon, — Joachim Etienne, — Julien Berto, — Mathurin
Colonec, — Gabriel Le Page, — Gabriel Pedrono, — Mathurin Le Page,
— Gilles Pedrono, — Baptiste Gabillet, — Mathurin Penven, — Antoine
Guimard, — madame veuve Nicolic, — MM. Jean Le Breton, — Jean
Loisel, — Jean-Louis Le Breton, — Armand de Castel, — de la Goublaye.

PLESCOP.—MM. Jean Le Houëzec, recteur de Plescop,—Joseph Le Man-
guenne, — Grégoire le Porch,— mesdames veuve Le Sommer, — veuve
Morillon, — veuve Alionze, — MM. Pierre Gigo, laboureur, — Jean
Hémon, meûnier, — François Jigo, — François Catheau, — Pierre Le
Douaran,— Julien Marouille,— Pierre Eveno, — Julien Le Pol, — Joseph
Galliot, — Mathurin Chapelain, — Mathurin Tanguy, laboureurs, — ma-

demoiselle Mathurine Lecq, domestique, — MM. Vincent Berthaut, meunier, — Pierre et Louis Harruïs, laboureurs, — mademoiselle Vincente-Marie Le Porch, lingère, — MM. Pierre Le Tribroche, — Mathurin Aliouze, — Yves Le Falher, — madame veuve Douaran, — MM. Pierre Le Marouille, — François Le Barch, — madame veuve Marouille, — M. Julien Perno, — madame veuve Galliot, — M. Yves Perno, — madame veuve Jégo, laboureurs, — MM. Olivier Evo, tailleur, — Jean Le Morillon, — madame veuve Le Morillon, — MM. Jean-Marie Le Gouguec, laboureur, — Pierre Le Meïtour, tisserand, — mesdames veuve Mahuas, — veuve Corignet, — veuve Briel, laboureurs, — mademoiselle Marie Briel, domestique, — MM. Pierre Guillaume Petit, domestique, — Vincent Le Spégaigne, — François Guillerne, — Julien et Jean-Marie Briel, laboureurs, — mademoiselle Anne Robinot, domestique, — M. Mathurin Corignet, — madame veuve Le Hourette, — MM. Jean Le Poah, — François Le Mélinière, — Guillaume Le Délézi, — Louis Le Pol, laboureurs, — Alban Pourchasse, journalier, — madame veuve Drongat, cultivatrice, — MM. Paul Mahé, — Pierre Juhel, laboureurs, — Julien Cropel, journalier, — Joseph Roperh, — madame veuve Rouide, laboureurs, — mademoiselle Anne Le Roux, domestique, — M. Joseph Roperh, — madame veuve Nicolas, — MM. Mathias Corignet, — Jean-Louis Le Bievec, — Louis Lecq, — Joachim et Vincent Le Marouille, — Julien Jégusse, laboureurs, — Grégoire Le Morillon, tisserand, — Pierre Le Douarin, — madame veuve Hémery, — MM. Julien Arhuro, — Joseph Le Falher, — Pierre Le Sommer, — Louis Kerneur, — madame veuve Péron, — MM. Pierre Quentin, cultivateurs, — Claude Rio, aubergiste, — Jean-Marie Le Falher, — Fée aîné, cultivateurs.

GRAND-CHAMP. — MM. Joachim, Cugdual et Yves Bertho, — Jean-Pierre Jeyousse, — Vincent Briend, — Mathurin Le Hébel, — Taydual Le Mélinaire, — François Guillouzic, — Michel René Lalé, destitué pour refus de serment, — Mathurin Kerneur, — Laurent Gaudin, — Isabelle Rio, — Bierre Quipoul, — Joachim Thomas, — Mathurin Le Vignelousse, — Mathurin Donerh, — Jean-Pierre Guyonvarh, — Jean-Vincent et Jean-Marie Briendo, — Pierre Le Breton, — Félix Jégo, — Vincent Le Tarnec, — Joseph Séveno, — Mathurin et Vincent Cadoret, — Thuriau et Louis Le Govic, — Guillaume et Jean-Pierre Thomazo, — Olivier Querré, — Joseph et Eugène Laigo, — Guillaume, Mathurin et René Jeyousse, — Joachim, Julien et Olivier Le Belzic, — Yves, Guillaume et Jean Le Ray, — Jean-Pierre Le Donarain, — Mathurin Le Bellego, — Mathurin Le Breton, — Joseph Dérel, — Pierre, Tuydual et François Séveno, — Vincent Hémon, — Mathurin Guillaume, — madame veuve Gilloton, —

MM. Julien-Marie et Julien Pedrono, — Mathurin Briend, — Mathurin Le Beyousse, — Mathurin Briend, — Pierre Oliviéro, — Jean Gaillo, — Alexis Cadoret, — Pierre Le Corf, — Séveno, — Mathurin Corfmat, — Mathurin Le Ray, — Mathurin Laigo, — Alexis Kerneur, — Joseph Jégouse, — mesdames veuves Laigo et Briend, — M. Clément Juhel, — madame veuve Dréan, — MM. Julien Corfmat, — Jacques Allano, — madame veuve Allano, — M. Louis Le Guillande, — madame veuve Guillouzic, — M. Joachim Le Douarin, — madame veuve Jéhamo, — MM. François Le Glourec, — François Juhel, — Pierre Letodé, — mesdames veuves Ehano et Bourbouah, — MM. Vincent Guhur, — Laurent Arrénis, — Mathurin Le Chapelin, — Joachim Olivier, — Joseph Ehan, — Joseph Moulec, — Pierre Evo, — Pierre Ehano, — Jean Le Priellec, — Joseph Le Bodic, — Jacques Bertho, — Yves Séveno, — Studal Giloton, — Jean-Vincent Lepetit, — Jean-Pierre Evo, — François Cadoret, — Jean Pierre, — Joseph Le Palud, — Vincent Guillaume, ·· Pierre Prono, — Joseph, Mathurin et Marie-Joseph Séveno, — Pierre Fravolo, — Mathurin Mousset, — Mathurin Dano, — Jean et Joseph Guillouzic, — Yves Ribouchon, — Vincent Gargasson, — Pierre Séveno, — Pierre Cadoret, — Joseph Le Déletaire, — Joseph Caudal, — Julien Le Gargasson, — Pierre Séveno, — madame veuve Plouasec, — MM. Louis et Joseph Le Mentec, — Tuydual Kersuzan, — Jacques Le Fur, — Vincent Evenas, — François Le Blevec, — Louis Cougoulic, — Joseph Le Délétaire, — Vincent Lorey, — Louis Juth, — Antoine et Jean Séveno, — Pierre Le Boulaire, — Tuydual et Antoine Séveno, — Jean-Pierre et Jean Lepetit, — mesdemoiselles Louise et Marie Lepetit, — M. Jean Le Gouarin, — madame veuve Le Mentec, — MM. François Rio, — Joseph Le Méro, — François et François Fravolo, — Pierre Kersuzan, — Louis Le Corre, — Pierre Le Port, — Jean et Mathurin Kersuzan, — Pierre Lepetit, — madame veuve Hémon, — MM. Joseph Hémon, — Jean Le Bodic, — François Séveno, — Joseph Ségousse, — René Le Calonnec, — madame veuve Le Bodic, — M. Mathurin Pérel, — madame veuve Briend, — MM. Marie Briend, — Joseph Lorcy, — Jean Fili, — Jean Le Barh, — Guillaume Jégousse, — François Mahé, — mesdames veuves Mahé et Le Gal, — MM. Jean Pierre, — Jean-Pierre Le Porch, — Guillaume Le Délétaire, — Pierre Cadoret, — Joseph Pruno, — Marie-Julien Pico, — Pierre Le Briel, — Mathurin Mahé, — Roussin père, — mademoiselle Pauline Kousson, — MM. Juhel, — Mathurin Le Porh, — Jean Le Pacel, — Jean-Pierre Le Roch, — Dano, — Mathurin Rio, — madame veuve Le Stouder, — MM. Le Mouel, — Vincent Le Luher, — Le Douarin, — Cuhio, — Ropert, — Robinet, — Kerrio, — madame veuve Péli,

— MM. Légalo, — Le Quilvil. — Madec, — Le Porh, — Pierre Morin, — François et Louis Le Mélinaire, — Roussin fils, — Jean Le Roy, — Yves Gauthier, — Roussel, — Joseph Kerbarh, — Mathurin Bénard, — Tuydual Dréan.

PLAUDREN. — MM. Larmet, — Boché, — Morio, recteur, — Gouarin, — Guillemot, — Le Guevel, — Le Divic, — Martin, — Etienne, — Guével, — Pelliec, — Dano, — Pelé, — Coudray, — Guenanten, — Dréan, — Martin, — Guérec, — Martin, — Loisel, — Le Derfe, — Henrio, — Barbier, — Callonec, — Nio, — Gambié, — Guénanten, — Le Bihan, — Nio, — Martin, — Martelot, — Martelot, — Guillemot, — Conan, — Kergosien, vicaire, — Nicolas, — Caris, — Le Douarin, — Coleno, — Dréano, — Le Roch, — Le Gal, — Le Roy, — Le Sigain, — Le Minour, — Laudevis, — Le Brun, — Eveno, — Pascaut, — Le Nie, — Margueritte, — Renaud, — Le Guil, — Le Nué, — Le Lain, — Candal, — Le Page, maire, — Le Falher, — Cougoullie, — Le Bachelier, — Le Martelot, — Le Martelot, — Le Bachelier, — Le Bachelier, — Le Bachelier, — Le Ridour, — Le Brier, — Maingoy, — Le Gouarin, — Eveno, — Le Vaillant, — Prono, — Conan, — Le Nipelet, — Le Roch, — Le Prince, — Marie Cadoret, — Picaut, — Mahéas.

Toutes les souscriptions qui suivent appartiennent à la famille du courageux et noble Breton dont le nom populaire dans tout le Morbihan, comme celui des Cadoudal, est devenu un synonyme d'honneur et de loyauté. Victime d'une fidélité à toute épreuve et de tous les temps, le commandant Guillemot, digne fils de celui-là même que les soldats qu'il combattait, admirant son courage et son caractère sans reproche, avaient surnommé *le Roi de Bignan*, expie encore aujourd'hui, sur la terre étrangère, son dévoûment de 1832. Mais, heureux et fiers d'une telle parenté, les représentans de sa famille, en Bretagne, ne pouvaient manquer d'apparaître quand il s'agissait d'une nouvelle démonstration contre une monstrueuse ingratitude.

MM. Julien et Joseph Guillemot, — madame Marie-Anne Guillemot, — MM. Jean-Marie, Georges Guillemot et sa belle-sœur, — madame Perrine Guillemot.

GUÉNIN. — MM. Mathurin Carado, propriétaire, — Joseph Le Gal, — Joseph Cadoret, — Marie Duclos, cultivateurs, — madame Jeanne Le Gouriédec, propriétaire, — MM. Jean-Louis Morvant, — Jean-Louis Allano, — Mathurin Le Crom, — trois anonymes, cultivateurs, — MM. Guillaume Le Divenah, — Louis Guyomard, — Joseph Guimard, — Jean et Marie Le Drogo, — Marie Le Tutout, — Louis et Joseph Le Tonquez, — Mathurin Le Drogo, — François Le Tonquez, propriétaires.

— Mathurin Guégan, — Cosme Robic, — Jean Guyomard, — Louis Eziquel, — Joseph Corignant, — Julien Le Sergent, — Joseph Le Guedec, — Jean et Mathurin Le Naizain, — Jeanne Duclos, propriétaires, — Louis Le Guillant, — Michel et Mathurin Le Guen, propriétaires.

BAUD et REMUNGOL. — MM. Jean-Elie Obet, officier démissionnaire, pour refus de serment, — Henri-Edouard-Marie Obet fils, — mesdemoiselles Henriette Ranzegat - Obet, — Jeanne - Céleste - Agnès Doizon-Obet, — MM. Joseph Jafré, — Marie-Joseph Jafré, cultivateurs, — Pognant, maire de Baud, — Alexis Le Louer, ex-officier, — madame Jeanne-Marie Le Louer, — MM. Jean-Louis Evenas, électeur, — Louizon et Pierre-Marie Evenas, — Pierre Le Moële, vicaire, à Baud, — Mathurin Moignon, — Marc Rio, — Jacques Menard, — Vincent Leuc, cultivateurs, — Pierre-Simon et Joseph Guimard, artisans, — mesdames Louise Moignon, — Julienne Guilloux, — MM. Marie Gallo, — Mathurin Aunic, — Jacques Josselin, cultivateurs, — Louis Le Calvé, vicaire, à Camors, — Joseph Eveno, — Marie Purenne, — Jean Lebrun, cultivateurs, — un anonyme, — MM. Jean-Marie Guillermot, propriétaire, — Michel Guillouzo, — madame Mathurine Guillermot, — MM. Mélaine Le Dévedec, — Mathurin Le Bouquin, cultivateurs, — madame Louise Lebreton, — MM. Olivier, Pierre, Marc et Joachim Quilléré, — Joseph Thoumelin, — Louis Le Callonec, — Marie Le Bot, — Julien Le Guen, — Mathurin Onno, — Marc Eveno, — mesdames Hélène Guéguin, — Jeanne-Marie Le Breton, — M. Joseph Fevri, — madame Jeanne Thoumelin, — MM. Olivier Le Toutour, — Joseph Lavenant, — Joseph Le Guénec, — Jean Le Crom fils, — mesdames Louise Le Crom, — Jeanne-Marie Le Gal, — MM. Mathurin Colias, — Jean, Joseph, Mathurin et Alin Corignan, — mesdames Périne Corignan, — Anne Lestrade, — MM. Joseph Le Compagnon père, — François, Quéric, Jean-Marie et Joseph Le Compagnon, cultivateurs, — Louis-Marie-Sévère et Louis-Marie Lancelot, — Mathurin et Louis Ledorse, — Julien Le Crom, propriétaires, — Jean- Marie Guégin, — Louis Daniello, — Jean Lohezic, — Julien Kervio, — mesdames Mathurine Guillouzo, — Julie Lamour, — MM. Vincent Lavenant, — Vincent Laudrain, — Jean Kerguen, — Quéric Le Breton, — Guillaume Gégat, cultivateurs, — Arnoult Gégat, curé, — Jean Lamour, garde, — mesdames Ambroisine Lamour, — Céleste Nicolo, propriétaires, — M. Jean-Pierre Mogan, — madame Jeanne Le Raler, — M. Quéric Jégat, — madame Jeanne Jehanno, — MM. Toussaint Guillemet, — Joseph-Marie et Mathurin-Jean Poitevin, — René Le Corre, cultivateurs, — madame Hélène Poitevin, propriétaire, — M. Côme Guillouzo, — madame Marie Le Gal, — MM. Marc Nicolo, — Cyr Kerguen,

— mademoiselle Louise Lecornec, — MM. Gratien Kerguen, — Cyr
Lohezie, — Jean et Joachim Daniel, — Joachim Le Breton, — madame
Anne Lorillec, — MM. Pierre Le Gal, — Jean Le Guelvont, — Vincent
et Jean-Pierre Le Corvec, — François Leser, — Joachim Lamour, —
Jean Morvan, — Pierre Lebras, — Joseph Guillemet, — René François,
— madame Marguerite Le Gal, — M. Mathurin Le Gal, — madame Jeanne
Le Ficher, — M. Mathurin Culo, — madame Suzanne Le Texier, culti-
vateurs, — MM. Jean-Marie Derian, mercier, — Quéric Bousso, — Marie
Eveno, — madame Mathurine Bousso, — MM. Jean Le Devedec, —
François Légo, — madame Mathurine Denis, — MM. Michel Le Crom,
— Jean Arnold, — Pierre Le Guéhénec, — Aimé le Ménahèze, — mes-
dames Mathurine Guillemet, — Mathurine Lourson, — MM. Joachim Le
Gal, — René Le Maitour, — Joachim Lecerre, — Jean et Jean-François
Guéguin, — madame Perrine Guéguin, — MM. Marie Le Crom, — Gré-
goire Le Mouel, — Marc Moric, — Louis Le Gal, — Jules Guillermot, —
Jean Le Claiche, — Aimé Simon, — Quéric Louhézic, — Mathurin et
Pierre Kerguen, — Joseph Julé, cultivateurs, — Joseph Le Galo, pro-
priétaire.

PLOUGOUMELEN. — MM. René Raud, — Jean Rio, — Julien Tanguy,
— madame veuve Madec, — MM. Pierre et Pierre Le Meude, — Marc
Madec, — François Le Ray, dont le père a connu toutes les douleurs de
la prison pour cause politique, — Joachim Le Berrigo, — Joseph Kergo-
zien, — Le Méro, — Gildas Crapel, — Joachim Joasse, — Jean-Marie Le
Franc, — Joseph Le Guennec, — Pierre Sténic, — Pierre Le Guillant, —
Yves Leuch, — Jean Le Barbier.

PLOEREN. — MM. de la Moussaye, — le colonel de Cadoudal, — ma-
dame de Cadoudal, — MM. Georges, Louis et Henri de Cadoudal, —
Perno, — Le Marholet, — Le Gohébel, — Loget, — mesdames veuves
Ludec, — Cloirec, — MM. Tostène, — Madec, — Le Guénédal, — Cloi-
rec, — Bolèze, — Gillet, — Eveno, — Lehébel, — Joseph Le Ménajour,
— Le Ménajour, — Jean Baudais, — Le Ménajour, — madame veuve
Caduret, — MM. Le Jiquel, — Le Priellec, — Le Sommer, — Le Gouguec,
— Le Lin, — Rio, — Josselin, — Dagorne, — Le Treste, — Caudal, —
Le Mellec, — Rangué, — Tatibouit, — Tatibouit, — Séveno, — Fohano,
— Héno, — Caudal, — Le Lauri, — Le Gauder, — Juelle, — Hervio, —
Le Bolèze, — Le Mené, — Le Gal, — Baudais, — Le Treste, — Le Ve-
guelousse, — Le Blévec, — Le Yondre, — Madec, — Le Veguelousse, —
La Chapelaine, — Madec, — Jacob, — Tatibouit, — Jacob, — Lorho, —
Le Barbier, — Le Barbier, — Le Gohébel, — Le Gohébel, — Le Ber-
gerod, — Le Blévec, — Yvo, — Le Blévec, — Perno, — Le Guenne, —

Le Guenne, — Le Guenne, — Le Rohellec, — Le Rohellec, — Sténic, — Sténic, — Le Bar, — Hervio, — Bryen, — Boudeler, — Menars, — Le Gouguec, — Célibert Le Gouguec, — Guérin, — Le Gouguec, — Le Bourhise, cultivateurs, — Jean-Pierre Corniche, — Clément Caltron, — Pierre Leblenec, — madame veuve Vigouroux, — MM. Joachim Marouille, — Joseph Gaudère, — Jean Loget, — Célibataire Loget, — Pierre Guillemot, — Joseph Le Blevec, — Guillaume Philibert, — madame Marie-Jeanne Guillouzic, — MM. Joseph et Julien Génevais, — Mathurin-Pierre Morgan, — madame Jeanne-Marie Péreze.

SAINT-NOLFF. — MM. Jean, Mathurin et Pierre-Marie Le Luhern, — mademoiselle Françoise Boché, — MM. Mazeul et Pierre Claudic, — François Texier, — mademoiselle Hélène Pascau, — M. Joseph Monterlai, — madame Perrine Le Garnez, — MM. Mathurin Caudal, — Pierre Le Martelotte, — Marie-Joseph Hollard, — Pierre Arz, — Jean-Marie Souffet, — Julien Leplin, — Pierre Jac, — Yves Brenugat, — Marguel Le Tréhondat.

PLUMERGAT. — MM. Hémon, — Le Mero, — Jégo, — Rio, — Le Pan, — Le Ludic, — Morgand, — Bertho, — Buléon, vicaire, — Buléon fils — Chopit, — Chopit fils, — Goudivès, — Goudivès fils, — mademoiselle Goudivès, — MM. Méroul, — Cadoret, — Le Moing, — Le Dro, — Bourgoin, — Le Marec, — Le Corvec, — Le Gouëf, — Le Palud, — Le Bohec, — Le Brazedec, — Bertho, — Pennamen, — Kersuzan, — Le Port, — Rio, — Hervoche, — Kermorvan, — Hémon, — Le Gal, — Le Bagousse, — Cadoret, — trois anonymes, — MM. Audin, — Daniel, — M. Buléon.

SAINT-GUYOMARD. — MM. François Talhouët, — François Launay, laboureur, — Mathurin Lucas, tourneur, — Guillaume Hoyet, marchand, — Mathurin Hoyet, laboureur, — François Foubeer, recteur de la commune de Saint-Guyomard, — Le Guays, condamné à mort en 1832.

CAUDAN, INZINZAC et LORIENT. — MM. Le Ferrand, ex-percepteur, à Caudan, — Le Doussal, — Le Ber, — trente-cinq souscripteurs anonymes, — M. Jégo, — cinq anonymes.

LOCMARIAQUER (canton d'Auray). — M. Guy Cailloce, — madame Cailloce, — MM. Henri et François Cailloce, — mesdemoiselles Marie-Louise Jophet, servante, — Marie Rio, — Alexandrine Le Bras, — MM. Pierre Bellégo, — Joseph Morvan, — Jean-Marie Grouhel, — Alexandre Gonzerch, — madame Marie-Félicité Gonzerch, — M. Joseph Kervégan, — madame Claudine Jégat, — M. Julien Puren, — mesdames Marie Mallet, — Marie Puren, — Marie-Mathurine Coriton, — Anne-Marie Rio, — MM. Marie Le Rohec, — Pierre Pasco, — Yves Malet, — mesdames Yves Malet, — Marie Le Port, — Marie-Hélène Le Port, —

M. Jean-Marie Le Labousse, — mesdames Rosalie Le Corvec, — Jeanne-Marie Le Labousse, — M. Jean Le Gal et sa famille, — M. Thuriaf Guillam et sa famille, — M. Laurent Le Guennec, — madame Le Guennec, — M. Mathurin Le Guennec, — mesdames Perrine Kermovan, — Marie-Vincente Le Gloahec, — M. Marie Le Gal et sa famille, — M. Guillaume Rourdiec et sa famille.

MOSELLE : METZ. — M. le général vicomte de Berthier, ancien aide-de-camp de MONSEIGNEUR LE PRINCE DE CONDÉ, — madame de Salse, née de Cernay, — MM. Hippolyte Mennessier, — Jean-François-Xavier Berger, chevalier de Saint-Louis, ancien chevalier noble à l'armée de Condé, — Georges Lesecq de Crépy, chevalier de Saint-Louis, capitaine d'état-major, ancien chasseur noble à l'armée de Condé, — l'abbé Faucheur (François-Firmin), prêtre-infirmier à l'armée de Condé, — le comte Gaston de Rozières, ancien sous-préfet, chevalier de Malte, — le baron Emmanuel d'Huart, ancien officier de la garde royale, — Léonce de Curel, ancien capitaine d'état-major. — Olry, ancien officier supérieur de cavalerie, chevalier de Saint-Louis, — Maximilien de Marion, chevalier de Saint-Louis,—Varain, prêtre, habitué de la paroisse de Saint-Martin, à Metz, — madame du Raget, veuve d'un ancien officier d'artillerie de l'armée de Condé, chevalier de Saint-Louis,—mademoiselle Alexandrine du Raget, sa fille, — M. Achille du Raget, son fils, — mesdames Achille du Raget, — de Broin, fille de M. le comte de la Myre-Maury, officier-général à l'armée de Condé, — M. François-Isidore de Blair, ancien condéen, — mademoiselle de Sainte-Marie, sœur d'anciens condéens, — mesdames la marquise de Chérisey, veuve de M. le marquis de Chérisey, lieutenant-général des armées du ROI, grand'croix de l'Ordre royal et militaire de Saint-Louis, — la marquise de Chérisey, veuve de M. le marquis de Chérisey, maréchal-de-camp, colonel du 2ᵉ régiment de la garde royale, — MM. de Maigret, ancien soldat de l'armée de Condé, — de Turmel, chevalier de Saint-Louis, — le comte de Gonzalve de Jobal, fils du lieutenant-général comte de Jobal, ancien officier de l'armée de Condé, — la *Gazette de Metz,* — MM. Paul Mennessier, — de Saint-Blaise, chevalier de Saint-Louis, — de Chazelles, ancien capitaine d'artillerie,—de Marin, ancien capitaine d'état-major,— le baron de Gargan, — le baron Marion de Glatigny, chevalier de Saint-Louis, — madame Domgermain, — MM. de Lardemelle, — Jean-Baptiste-Joseph Dosquet, ancien capitaine d'artillerie, chevalier de Saint-Louis, — madame la comtesse d'Ecosse, — MM. le baron Mandell d'Ecosse, — le baron de Tricornot, officier de cuirassiers, démissionnaire en 1830,—le baron de Lalance, officier de l'armée de Condé, ancien commandant à Dieppe, — le baron de Montigny, fils d'un ancien maréchal-de-camp à l'armée de Condé, — le marquis de Villers, ancien chasseur noble à l'armée de Condé, — mademoiselle de Villers, — madame de Villers, — M. le comte de Rosières, ancien officier au régiment d'Enghien, à l'armée de Condé, chevalier de Saint-Louis, — mademoiselle Volkrain, de Thionville, fille d'un ancien officier de l'armée de Condé, — MM. de Patornay du Fied, propriétaire, — le vicomte Louis de Bertier, officier de carabiniers, démissionnaire en 1830, — Durand d'Aunoux, ancien lieutenant-colonel de cavalerie, chevalier de Saint-Louis, — l'abbé Tailleur, curé de Grosbliderstroff, — Lachevardière de la Grandville, ancien garde du corps du Roi, chevalier de Saint-Louis, — le vicomte Alexandre de Rosséguier, — le baron Ignace de Vitzthum d'Egersberg, chevalier de Saint-Louis, ancien major à l'armée de Condé, — de Germiny, chevalier de Saint-Louis, ancien officier de cavalerie à l'armée de Condé, — le baron Philippe de Vitzthum d'Egersberg, à Eschweiller, près Bitche, — de Velcourt, ancien capitaine au régiment d'Hohenlohe, armée de Condé, chevalier de Saint-Louis, — de Guerchin, chevalier de Saint-Louis, ancien officier au régiment de Bourbon, armée de Condé, — M. et mademoiselle le Picard, frère et sœur d'un soldat de l'armée de Condé, — MM. de Tinseau, ancien sous-préfet, — le comte de Mitry, fils d'un ancien officier supérieur de l'armée de Condé, — une demoiselle anonyme, fille et nièce de condéens, — MM. Louis Marchand, fils de M. Marchand, ancien député de la Moselle, — le baron de Cressac, chevalier de Saint-Louis, — F. de Guentz, fils et neveu de six officiers supérieurs de l'armée de Condé, à Saint-Oswald (Moselle), — Maugin, de Thionville, — madame Léon de Cressac, — mademoiselle Victoire de Vulmont, — M. Bach, receveur des douanes, démissionnaire, à Boulay, — madame la baronne de Dommartin.

ROMBAS. — MM. Victor Guillemin, docteur en médecine, — F. Guillemin, ancien commissaire-priseur, — Curicque Guillemin, orfèvre, — Auburtin Guillemin, commissaire-priseur, — Cinq anonymes.

NORD : LILLE. — MM. Victor de Carrière, — Charles de Vogelsang, — Roussel-Baron, d'Armentières, — madame de Courcelles, — M. le comte Léon de Germiny, — madame veuve Waymel-Rouzé, — MM. de la Bassemouturie, — Camille de Vicq, — le vicomte de Favières, — de Basserode, — le comte Édouard de Vennevelle, — mademoiselle A. de Lafonteyne, — MM. Réville Neuville, — le vicomte de Cugnac, — un anonyme de Tourcoing, — J. Macquart, — Scalbert, — Louis Philippe fils, — le comte de La Grandville, — madame la comtesse de La Grandville, — MM. Rolland Van Zeller, chevalier de St-Louis, officier à l'armée de Condé, — Lefort, — le comte Léon de Rouvroy, — le marquis de Mengin

Foudragon, — Courtecuisse, — Dupont, propriétaire, à Cappelle, — Bacon, propriétaire, à Saïns, — Théodore Aronio, — Albert du Bosquiel, — le comte de Muyssart, — de Lencquesaing, — Denis Dupéage, — Godfernaux père, — Salemblier-Péterinck, — Pajot, — Moronval, — Lecomte père, — Ridez-Pollet, — Lefebvre, — Ghistain-Roger, — Champion-Dervaux, — Deroubaix-Lefebvre, — madame la comtesse Déliot, — mademoiselle Stéphanie Déliot, sa fille, — MM. L. de La Chaussée, — Boutry Van Isselsteyn, — madame de Lafonteyne, douairière, — MM. Lambert, élève en pharmacie, — Théophile Denis Dupéage, — Cyrille Baillieu, chevalier de la Légion-d'Honneur, — le comte Hippolyte Déliot, — madame de Vogelsang, — MM. de Larcher, chevalier de Saint-Louis et officier de la Légion-d'Honneur, — de Rouvoy de Beaurepaire, — Feutrel, — A. Castellain de Lispré, — Leboucq de Rupilly, — madame Van Zeller d'Olnois, — MM. F. et A. d'Hancardrie, — Charles Luridan, — madame la douairière de Longin, — MM. Vandrisse, — D. L. G., lieutenant colonel, ancien officier supérieur de la maison militaire du Roi, — madame L. W., née D. L. G., — quatre jeunes sœurs pensionnaires, — une dame anonyme, — MM. Colombier-Lelièvre, — de Lencquesaing d'Autigneul, lieutenant colonel, chevalier de Saint-Louis, — mademoiselle L. de Belvalet d'Humerœuille, — MM. Duchauffour, — Lefébure Desmidt, — de Bourgogne, ancien premier page de Louis XVI, — Chombart de Villers, — L...., — L...., — le baron de l'Épine, ancien député du Nord, — Ferdinand et Dieudonné-Henri de l'Épine, — le comte d'Hespel, — le marquis de Baynast de Sept-Fontaines, — madame la douairière de Godefroy, — MM. de Godefroy, — de l'Orne d'Alincourt, propriétaire, à Béthune, — Léon Olivier, — madame la vicomtesse de Cugnac, — MM. Gonzalve de Cugnac, — Jombart-Hallez, — un anonyme d'Aire sur la Lys, — de Gournay de Clarques, — divers anonymes de Quesnoy-sur-Deule, — mademoiselle de Vigne, — madame Fourdinier, — MM. le marquis d'Armolis, ancien officier de l'armée de Condé (régiment d'Hohenlohe), — Casteleyn d'Osnabruck, de Dunkerque, — Cavrois, — Desmadrilles, de Templeuve, — le comte Adrien de Beaulaincourt, — l'abbé ***, — A. Gauwain, — Lethierry, — Piot, propriétaire, — Desmottes, — Nys M..., — mademoiselle Sophie Meurille, propriétaire, à Lambersart, — MM. Charles-Joseph Marlier, ancien maire, à id., — Édouard Desmazières, — Séraphin F...., d'Hespel, — Fortuné Lericque, de Rocourt, chevalier de Saint-Louis, — Duchâtelet, clerc, au Mesnil, — Delangue-Dehennin, d'Aubers, — Jonville, — Desprez, — Cottignies, — Alfred de Badts, — madame Alfred de Badts, — MM. Cocheteux-Lalau, de Premesques, — Louis et Charles Cocheteux, le vicomte Obert, —

Louis Defontaine, propriétaire, — Gaillard-Lafuite, — André, — Archange Colle, — un pauvre d'Avesnes, qui bientôt ne pourra plus payer ses impots, — Philippe, — L. Roussel, clerc de notaire, à Lille,— Désiré Martinache, cabaretier, à Douai, — un Ecclésiastique, — Arnold, — six anonymes.

La Bassée. — MM. Graveline, — Aimé Largent,—Jean-François Legrand, — Pierre-Joseph Larsonneur, — Mannier père, — Philippe-Leleux,—Leleux-Duretz,— Leleux-Lenglin, — Leleux-Bouquet,— Leleux-Paqué, — Hubert Largent, — Béghin Descamps, — Julien et Charles Béghin, — mesdames veuve Duchâtel, — Burbry, — Dilly, — Tizon, — MM. Waroquet, — Hanguillart-Waroquet, — Hanguillart-Goubez, — Chombart, — Cambier, — Roussel, — Étienne d'Hennin, — Devaux, — Meplaux, — Édouard Triplet, — trois anonymes.

Haubourdin. — MM. Julliot de la Rouvrelle, chevalier de la Légion-d'Honneur, — madame de la Hamède, — M. Delporte, boulanger, — mademoiselle Blondeau, — MM. Duhamel, — Campbell, — Lepoutre,— Wicart, — cinq anonymes.

Cateau-Cambrésis. — MM. Brécout de Canteraine, ancien député du Nord, — Hippolyte Rodriguez, propriétaire, — Henri Flayelle, notaire, — Jean-Baptiste Défontaine, — mademoiselle Eugénie Défontaine, — un Ecclésiastique, — un curé, — MM. Lacomblez-Lefebvre, — Brécout, ancien maire du Cateau, — Henri Brécout, ancien receveur particulier des finances, — Piette Baudry, — madame veuve Flayelle Debeaumont, —MM. Charles Flayelle, — Dormay aîné, — Millot Gallonde, — un curé, — mesdames Carville, — veuve Dormay, — MM. Lefebvre-Leroy, ancien percepteur,— un prêtre,—Vincent Soufflet,—Joseph Ledieu,— madame veuve Lequeux, — MM. Daget, — Briatte, — deux sœurs, — la veuve d'un ancien comptable, — mesdemoiselles Haghe, — M. Scalteux,— madame veuve Delcourte, — mademoiselle Sculfort, — madame veuve Gallonde-Dérégnaucourt, — MM. Delhay, — Bourlet, — Latreille, vicaire, — mademoiselle Boitte, — M. Briatte-Collart, — deux anonymes.

Mouveaux, près Tourcoing. — Madame Bayart, nourrice de Henri de France (2e Souscription) — MM. Bayart, son mari, id. —Charles-Ferdinand-Henri Bayart, filleul de Henri de France, id. — mademoiselle Sophie-Aimée-Marie-Caroline Bayart, id. —M. le chevalier de la Basse-Mouturie, id. — Emile et Jules de la Basse-Mouturie, — mesdemoiselles Pauline et Herminie de la Basse-Mouturie, — MM. Pierre, Auguste, Carlos et Henri Dewitte, — mesdames Aimée et Marie Florin, — MM. Désiré, Pierre et Louis Desbouvrie, — mesdemoiselles Charlotte, Marie-Yves, Caroline et Marie-Catherine Desbouvrie, — MM.

Charles et Baptiste Bataille, — mademoiselle Thérèse Six, — MM. Alexan-
dre et Charles Joire, — Henri Dubuche, — Joire Lamerand, — Vanlaton
Thérète, — mademoiselle Aynes Joire, — MM. E. Joire, — Ignace Way-
melle, — Fontaine père, — Thypart Gruson, — Leclerc Charlet, — Charles
Carpentier, — Cado-Ribreux, — Munier, — L. Baron, — H. Toulet, —
Jacques Navarre, — L. Dumez, — Baptiste Bailly, — Demettre, maré-
chal, — Walbery, — Vantalon, — Journée Meurillon, — Reynard, —
Ignace Béghin, — Reublin Descheldre, — Debarry-Pollet, — Pouchain-
Marescaux, — Lagache-Batelier, — Larnould-Dartoit, — A. Delebois,
— François Lefebvre, — Baptiste Léterme, — L. Leterme, — Droulers-
Brulois, — madame Droulers, — MM. Droulers fils, — Florentin Drou-
lers, — mesdemoiselles Augustine, Aimée, Catherine et Eugénie Drou-
lers, — MM. Jean Brulois père, — Auguste Brulois, — Jean Brulois
fils, — mesdemoiselles Catherine Leuridan, — Eugénie Brulois, —
M. Mallet Regnard, — madame Mallet, née Regnard, — MM. Che-
valier, — François Gros, — mademoiselle Clémentine Chevalier, —
MM. Vincent Waymel, — Louis Selosse, — A. Spriet, — François Prout,
— Joseph Macquart, — Maurice Defrenne, — Louis Delannoy, — Flori-
mont Descart, — de Bellain, — Émile Flament, — Pierre-André Canonne,
— Auguste Macquart, — Henri Delahaye, — Hippolyte Leclerq, — Bou-
lingué-Echoard, — Louis Dupire, — Mathieu Carlos, — Baptiste Bury, —
Alfred Leclerq, — Baptiste Lerouge, — Prout Lambert, — Maria Béder,
Wattine-Brédard, — Louis, Edouard, Auguste, Henri et Carlos Flament,
— mademoiselle E. Bayart, — MM. Pierre et Baptiste Houzé, — madame
veuve Houzé, — mademoiselle Houzé, — MM. Henri, Pierre et Olive
Descheldre, — mademoiselle Louise Descheldre, — MM. Henri Desurmont,
— Delobel Dewitte, — Baptiste Delobel fils, — Paul Destombes, — mademoiselle Anne-Marie Schomus, — madame Paul Destombes, — MM. Urch
Destombes, — Laurent, docteur en médecine, — Lemaire-Réquillard, —
mesdemoiselles Pauline et Marie Lemaire, — MM. Réquillard-Holebuq,
— Frys-Nellet, — Filipo-Boyaval père, — Filipo fils, — Joire, docteur
en médecine, — Alexandre Joire, — Deletour, — un anonyme.

LAGORGUE. — MM. Delahaye, curé, — Cattoir, propriétaire, — Joseph
Degruson, — madame Mazure Cattoir, — MM. Revel Taffin, — Clément
Ridez, — Théodore Charles, — mademoiselle Césarine Delanoy.

MERVILLE. — MM. Verhaghel père, propriétaire, — Degruson, membre
du conseil général, — Hadou aîné, propriétaire, — Yon-Hadou, propriétaire, — Clarisse Piat, propriétaire, — madame Hadou-Legillon.

STEENVERCK. — MM. Decroix, propriétaire, — Théry, propriétaire, —
Charlet, — J.-B. Boidin et leurs amis.

SAILLY-SUR-LYS.—MM. Denain, propr.,—Meurin Catteau,—Duhem.

LA VENTIE.—M. Destourmignies, notaire,—mad. Bavière-Romon, pr.

BAILLEUIL. — MM. Louis Behaghel, — Charles Courtil, — Craye-Courtil, — Angelus Deswarte, — Henri Behaghel, — deux anonymes, — M. Ildephonse Prichon, — madame Henri Vandermeck, — M. Auguste Bieswal.

HAZEBROUCK.—MM. Vermesch-Verstavel,—de Wallon-Capelle,—Louis Cauwel,—de Wallon-Capelle,—Reginald Dequidt, de Sainte-Marie-Capelle,—Joseph Roucou, ancien serviteur au régiment de Condé, —Arsène Deseure, — Mathieu Vandevelde, — un principal de collége, — un Vicaire, — un ancien serviteur, — A.-B. Bouy, ancien militaire, — mademoiselle Lamps, — MM. Halinck, huissier, — Demeyer-Lyoen, — un Ecrivain, dont le nom doit rester inconnu à cause de sa position, — M. de Bæcker, — un Officier de la garde nationale de Morbecque, — MM. Edouard Deblonde, de Morbecque, — Auguste Decool, avocat, — un Conseiller-municipal, —madame Revel, née de Saint-Mars, — MM. Joseph Cousin, cultivateur, à Staple, — Singer, officier de santé, à Morbecque, — Claudorez-Lambert, capitaine de la garde nationale, à Morbecque, — J. H...., chevalier de Saint-Louis, — quatre anonymes.

FLÊTRE. — MM. Dieusaërt, — Gantois, maire, — Mathieu Gantois, — Staes, — Lernout père, — Michel Lernout, —Lernout Hovær, — mesdemoiselles Mathilde Lernout, — Dieusaërt, — M. Vanackère, adjoint du maire, — mesdemoiselles Mélanie et Sophie Vanackère, — Virginie, Amélie et Reine Gantois, — M. Durant, officier de santé.

DOUAI. — Madame d'Hubersart, — MM. le baron de Berthoult, — le comte de la Bucquière, — Laloux père, avocat, — madame la comtesse de Clermont-Tonnerre, — M. Carpentier, propriétaire, — madame de Wavrechin, — MM. Lemaire de Marne, chevalier de Saint-Louis, — Victor Lemaire de Marne, avocat, — un anonyme ruiné, — MM. Lesur, propriétaire, — Natton frères, — Tréca-Leleu, — le marquis d'Aoust, — le baron du Chambge de Liessart, — Paul du Chambge de Liessart, — Vanimmen, — madame veuve Wallet, — MM. Pellieux, avocat, — de Bonijols, avocat, — de Faulx, chevalier de Saint-Louis, — madame veuve Crespin, — M. le chevalier Prosper de la Grange, — trois anonymes.

VALENCIENNES. — M. Parent, ancien payeur de la guerre, — un prêtre, — un ancien négociant, — M. Louis Thellier, avocat, — un ami de M. Parent, — deux demoiselles, — par une dame, — MM. H. Waternau, —Dudortoir, — cinq anonymes.

AVESNES. — Un légitimiste, — un marchand de bois, — P.-J.-A. P., — un homme de lettres, — un marchand épicier, — une inconnue.

SAINT-AMAND-LES-EAUX. — MM. le comte A. de Thieffries, — Duprat, — Baudot, — Liermain, — J. Mériaux, — Bruou, — Chotteai, — A. Brasseur, — Delcour, — Louis Courtecuisse, — Druon, — Bloqmaux, — Roger, — de Baizieux, — Lejeune, — Lacrox, — Louis Roisreux, — deux anonymes.

ESTAIRES. — MM. Lediou père, — Lediou-Sylvie, — Lediou-Hadou, — Heunion-Delbecque, — Hennion-Duflos, — H. Degrusou, commandant la garde nationale, — Cornille, — Revel-Gailhabaut, — J.-B. Vienne, propriétaire, — Laffin-Peuvion, — mesdames Hennion-Théry, — veuve Poutrain, — Lavaast, — Adèle Taffin, — Cattoir sœurs, — Gailhabaut-Peuvion, — la comtesse de Busne, — Vankempen, née de Bæker, — Salomé, — mesdemoiselles Marie et Aline Salomé, — MM. Auguste, Achille, Delemer, Eugène et Adolphe Salomé, — un Curé de campagne, — un Vicaire, — MM. Bernast, à Morbecque, — Houk Lemaire, à Hazebrouck, — Hernout-Romon, — Auguste Hernout, — Beghin-Lecomte.

CAMBRAI. — M. Louis de Thieffries, — mademoiselle de Thieffries de Layens, — M. Louis de Layens, — madame veuve Leroy, née de Thieffries, — M. et madame de Lafosse, — mesdemoiselles Henriette et Victorine de Lafosse, — Jenny Charrier, — MM. d'Hautprès, — le comte E. d'Esclaibes, avocat, — Dendon-Scheldon, ancien garde du corps du Roi, — Benoît Pagniez, — Watier, — un notaire, — mesdames Boniface de Beaumont, — veuve d'Hailly, — MM. le comte de Coupigny, — le comte de Calonne, — le domestique de M. le comte de Calonne, — MM. de Liénard, — Buzin, — Pagniez-Leleu, — madame veuve Dron, — un Ecclésiastique de Cambrai, — MM. Frémin-Dusartel, — le comte Lavaux, — le comte de Beaurain, ancien volontaire à l'armée du prince de Bourbon, — Attale de Beaurain, — le comte L. d'Esclaibes, avocat près la Cour royale de Douai, — Rodriguez de Sancourt, — Ed. Dupont, maître de pension, — un Ecclésiastique du diocèse, — MM. Piot-Lepoivre, — Guillaume Déhaut de Vaulx, — mademoiselle Guillemine Déhaut, — M. de Saint-Léger, — madame la comtesse de Sart, — MM. L.-C. Delabarre, curé, — Henri Carion, rédacteur de l'Emancipateur, — Nestor Dupont, propriétaire, à Douai, — son fils, âgé de cinq ans, — MM. Lamoris, — Ernest de Lafons, — Eloire, maître de pension, au Câtelet, — le vicomte L. de Beaulincourt, chevalier de Saint-Louis, — Jovenet, fabricant d'huile, à Sainghin-en-Weppe, — Henri Gosset, de Viesly, — madame Hachin, — mademoiselle Hachin, — un anonyme.

OISE : CHANTILLY-CONDÉ. — M. Ferdinand Barbet, fils de M. Félix Barbet, ancien concierge des écuries de S. A. R. MGR LE DUC DE BOURBON et soldat dans l'armée de Condé, — un anonyme, royaliste dévoué,

— un ancien serviteur du prince , — mademoiselle Désirée Echétte (le père déjà souscripteur), — madame Séguin , faïencière, fournisseur du prince. — MM. Cally, boulanger du prince, — Mary, ancien garde-routier du prince, — Bonnard, gardien de la fourrière du prince, — Letellier, épicier, — madame veuve Breteuil, femme du géomètre du prince, — MM. Prevost-Breteuil, son gendre, — Geoffroy, horloger, — Petit, tonnelier du prince, fils de M. Petit, qui garda, pendant la révolution de 1793, *les cœurs* des Condés cachés chez lui, — Julien Petit, son fils, — Tardieu, pensionné du prince, — Lamarre, boucher, — Laville, ancien fournisseur de légumes de la maison de MGR LE DUC DE BOURBON, — Letellier, serviteur du prince, — Wuillaume, domestique, — Mathas, ferblantier, — Emile Masseran, tapissier, — Auboin, ancien serrurier du prince, — mademoiselle Louise Auboin, sa fille, petite-fille de M. Auboin, ancien commandant des équipages de MGR LE DUC DE BOURBON, ancien émigré, ayant soixante années de service dans la maison de Condé, —madame veuve Cleret, pensionnée du prince,—veuve Benoist-Ferrand, le labeur de sa semaine, — M. Bellet, déjà souscripteur, — mademoiselle Caroline Bellet, — MM. Flamichon, serviteur du prince, — Londault, ex-garde forestier du prince, — Charles Pannetier, ancien porteur du prince, — la fille de M. Morté, victime de 93, à cause de son dévoûment à la famille de Condé, — MM. Devos, batelier du prince, — Camus, ancien serviteur du prince, — madame Lajeunesse, pensionnée du prince, — veuve Cauzette, ex-gardienne du hameau, pensionnée du prince, — M. Lefebvre, pensionné du prince,—Boucher, ancien serviteur du prince, — M. Masson, maître jardinier du prince, — mademoiselle Demouy, domestique, — madame Barbet, née Cajelot, — MM. Grandjean, serviteur du prince depuis 1787, — Henri Blanpied, — Louis Pannetier, ancien palefrenier de S. A. R. MGR LE DUC DE BOURBON,—Warin, limonadier,— mademoiselle Botin, propriétaire, — Trois anonymes.

OMÉCOURT. — MM. le marquis, le comte et le vicomte Camille d'Espiés, — Charles-Ferdinand, Aimé et Adolphe d'Espiés, — le vicomte Eugène et le vicomte Edmond d'Espiés, — mesdemoiselles Louise Beausset, — Aimée Desprez, — M. Chrétien, employé.

ORNE : ALENÇON (*et ses environs*). — MM. Hommey père, ancien notaire, — de Brunet-Renaudière père, émigré, — M. et madame Brullemail, propriétaires, — M. Léon de Villière, fils d'émigré, — madame de Moloré mère, propriétaire, — MM. Malassie-Cussonnière père, propriétaire, — Malassie-Cussonnière, avocat, docteur en droit, — Edouard Malassie-Cussonnière fils, avocat, — le comte de Chambray, ex-maire d'Alençon, — Henri d'Ornan, fils d'émigré, propriétaire, — Prévot de Fourché, cavalier noble à l'armée de Condé, — le vicomte de Blesbourg, officier supérieur aux gardes-du-corps, — de Séran, propriétaire, au château de Séran (près Écouché), — madame de Séran, née de Trimont, id., id. — M. le chevalier de Blinière, fils d'émigré, propriétaire.

PAS-DE-CALAIS : ARRAS. — MM. Agathon-Lefranc, — L. Coulon-Savarry, — le baron de Hauteclocque, — Lourdel-Ledieu, — F....., — Piton-Sibel, — Savary-Bauduin, à Lagnicourt, — un anonyme de Bapeaume, — MM. Jules Brongniart, — Cresson-Dezy, — H. Renard, — Henry-Lanthier, — Coulon-Fagniez, — un Chanoine, — M. le vicomte Brandt de Galametz, ancien maréchal-des-logis des gardes-du-corps du roi, — un Ecclésiastique, — MM. Lequette, — François Lecomte, — Moncomble-Trannin.

SAINT-OMER. — MM. Cordier-Lépine, brasseur, — Dupuy-Ternynck, propriétaire, — Fossier, propriétaire, — Dessault-Lebreton, propriétaire, — Bailly-Buret, avoué, — Tavernier, pharmacien, — Jean-Baptiste-Louis Deschodt, ancien officier, propriétaire, — C. Bertheloot, menuisier, — Augustin Dusautoir, marchand de bois, — Henri-Jean-Baptiste-Joseph Benard, tailleur d'habits, — Placide Duval, professeur de musique, — Un vieux défenseur de la patrie, — madame veuve Roussel, née Mahy, marchande, — MM. Bourdrel, épicier, — D.-C. J...., — de Lenquesaing, propriétaire, — le comte de Beaulaincourt, de Marles, propriétaire, — Emmanuel Toulotte, propriétaire, — Van Denbroucke, professeur de piano, — May, propriétaire, — Leclercq, marchand horloger, — François Bertheloot, cordonnier, — Siriez de Bergues, propriétaire, — Henri de Laplane, ancien magistrat, — mademoiselle Henriette Delbour, propriétaire, — MM. Alexis Bouquillon, brasseur, condéen naufragé à Calais, — le comte Armand d'Argœuves, propriétaire, — le vicomte Alfred d'Argœuves, propriétaire, — mademoiselle Henriette Papegay, propriétaire, — madame veuve de Sandelin, propriétaire, — MM. Jean-Baptiste de Guémy, propriétaire, — Romain de Givenchy, propriétaire, — Van Danbussche, marchand de bois, — madame de Saint-Just, propriétaire, — MM. Van Kempen, propriétaire, — Cortyl, propriétaire, — madame veuve Fasquelle, propriétaire, — MM. le comte E. de Gomer, propriétaire, — Delattre, propriétaire, condéen naufragé à Calais, — Liot de Norbécourt, propriétaire, — Augustin Lefrançois de Drionville, propriétaire, — madame veuve Dubois, née Dolhain, rentière, — MM. Moullart de Vilmarest, de Bomy, propriétaire, — J. Bonnière, épicier, — Omer Cottet, professeur de dessin, — le chevalier Emmanuel du Tertre, chevalier de Saint-Louis et de Malte, ancien chef de bataillon, — Hector de Taffin, propriétaire, — Blocme-Keyser, marchand brasseur, — de Lal'ollye, magistrat, — Bénigne Cordier, propriétaire, — une lingère, — MM. Léon de Beugny d'Hagerüe, propriétaire, — A. B. D., — mademoiselle Adeline D...., — MM. Alphonse de Cardevacque, propriétaire, — Félix Hémart, propriétaire, — G. de Contes, propriétaire,— Alphonse Hémart, propriétaire, — madame veuve Hémart, née Wattringue, propriétaire,— mesdemoiselles Aimée et Joséphine Hémart, propriétaires,— MM. François–Joseph Ténar, propriétaire, — Alphonse Bailly, étudiant, — mesdemoiselles Charlotte et Louise Bailly, — MM. Théophane Bailly, petit-fils d'un officier de cavalerie de l'armée de Condé, — Alfred Bailly, — Casimir Clipet, cordonnier,— madame Bailly, née Buret, propriétaire, — MM. Chauvin fils, imprimeur, — Jules de Taffin, — mesdemoiselles Amélie, Charlotte et Marie de Taffin, — MM. Amédée de Taffin, — Buiche-Speneux, marchand tailleur, — un lieutenant en premier de la garde nationale, élu par des légitimistes-royalistes, quand même, qui a déjà souscrit, mais en une autre qualité, — neuf anonymes.

BOULOGNE-SUR-MER. — M, de Rincquesen, — madame de Rosny, — MM. Hector et Eugène de Rosny, — un anonyme, — MM. Alexis Cousin, — le comte de Saint-Martin,— le baron du Blaisel, — mademoiselle, du Blaisel.

PUY DE-DOME : CLERMONT-FERRAND. — Mademoiselle Henriette d'Aurelle, — MM. Couhert d'Etruchat, ancien magistrat, — de Féligonde, ancien député, — le comte de Lassalle. — Adrien de S...., — Frédéric de Chalaniat, — Alfred de Chalaniat, — Edouard de Chalaniat, — le chevalier de la Villate, — vicomte Favier de Chaignon, — le vicomte Charry de Beuvron, chevalier de Saint-Louis, — Casimir de Laveissière de Lavergne, — le baron d'Arbelles, — Trèves, — madame la comtesse de Bosredon-Vatange, — MM. le baron Amarithon de Montfleury, — Mangue-Sardon, chevalier de Saint-Louis, — Croizier, capitaine de cavalerie,— de Brugheas du-Cheix, chevalier de Saint-Louis, — le marquis de Saint-Amant, — Just de Féligonde, — Sampigny d'Issoncourt, chevalier de Saint-Louis, — Duroc de Brion, — de la Chapelle, — le comte de Riolz, — de Marlet, — Trèves fils, — le comte de Palamède de Machecot, — Victor Matharel de Pardon, — deux anonymes.

BASSES-PYRÉNÉES : BAYONNE. — MM. Langlois, ancien officier de cavalerie, — Henri Lannes, — le comte Charles de Pontoux, — Lormand, ancien député des Basses-Pyrénées, — de la Perrière, ancien directeur des douanes, — un bleu, qui n'eût point fusillé un Condé, — madame Lartigue, — MM. Charles et Amand Lahirigoyen, 2e souscription. — Detroyat jeune, — Théodore et Charles Detroyat, — T. A. Bourlasteguy, — Le Mathe, libraire, — de Roll-Montpellier,—Dubrocq, ancien maire

de Bayonne, — Duhalde père, — Delaborde-Noguez, chevalier de la Légion-d'Honneur, — Charles Guichenné, — Gassanné, notaire, à Saint-
Esprit, ancien maire, — Genestet de Chairac.

PYRÉNÉES-ORIENTALES : PERPIGNAN. — MM. Joseph Dulçat, —
Joseph de Vilar-d'Oms, — J.-B. Albar, négociant, — Joseph d'Oms, an-
cien officier à l'armée de Condé, chevalier de Saint-Louis, — madame
Adélaïde de Vilar d'Oreil, — MM. le chevalier de Saint-Malo, ancien
sous-préfet de la restauration, chevalier de la Légion-d'Honneur et de
Charles III d'Espagne. — l'abbé Champanyot, curé de Céret, — Guichou
aîné, propriétaire, — Pierre Ros, propriétaire, — François Ségalières, —
Bonaventure Bertran Bonet, — de Gonzaniola, ancien officier d'artillerie
à l'armée de Condé, chevalier de Saint-Louis, — Péret fils, négociant, —
Xavier de Cellès, chevalier de Saint-Louis, ancien capitaine d'état-major,
auteur des *Satires sociales*, — Joseph Bezombes-Delcros, propriétaire,
— sept anonymes.

HAUTE-SAONE : VESOUL. — M. Dam de Francalmont, ancien officier
supérieur des gardes du corps, — mesdames de Cernay, — de Sarette, —
de Granvelle, — de Fiard de Mercey, — de Fontenay, — MM. de Péchery,
ancien officier supérieur, — le vicomte de Rotalier, — mademoiselle Ruf-
fier, — madame la comtesse de Lavié, — de Belenet, ancien officier d'artillerie.

SAONE-ET-LOIRE : CHAROLLES. — MM. Fontaine, horloger, a souscrit deux fois, — Desautels (a souscrit deux fois), — Godain, propriétaire,
— le marquis de Digoine, — A. B. de Montessus, vicomte de Ballore, —
François Privat, — Rivet, cordonnier, — Berthaud, tailleur d'habits, —
Villedey, président du tribunal de première instance, réputé démissionnaire, en 1830, pour refus de serment.

CHALONS-SUR-SAONE. — Madame la marquise de Digoine, — M. le
marquis et madame la marquise Raoul de Scorailles Laughac, — MM. le
baron de Montcoy, — de Saint-Gérans, — Charles Lacosne, — madame
Soucelier-David, — MM. de Curlet, — de la Genardière, — mademoiselle Henriette de Scorailles.

PARAY-LE-MONIAL. — Madame la comtesse de Montrichard, née Im-
bert Colomes, — MM. le comte Jules de Lusy, — Théodore d'Alais, —
Hyacinthe de Cheseuil, — mademoiselle de la Boderie, — deux anonymes,
M. Edmond d'Alais, — mesdames de Chanay, — de Verneuil, des Padiers,
— MM. de Verneuil, chevalier de Saint-Louis, — le vicomte de Busseul,
lieutenant-général, vieux soldat de Condé, — Henri et Victor de Chéseuil,

SEINE-ET-OISE : GUIRY (*et ses environs*). — MM. le comte de Guiry,
— le vicomte de Guiry, arrière-petit-fils de M. le chevalier de Cléry,

porte-étendard du 1ᵉʳ régiment de la cavalerie noble de l'armée de Condé, — le Baillif de Ménager, ancien gentilhomme ordinaire de la chambre du ROI CHARLES X, demeurant à Mantes, — Vilais, pharmacien, à Magny, — de Montrond, curé de Commeny, — Berthet, curé de Wy-joli-village, — Claude-Barthélemy Auger, propriétaire, à Wy et maire démissionnaire, — Isidore Fauvert, domestique, — Simond, médecin, — Duport père et Duport fils, fermiers. — Jean-Baptiste Truffaut, propriétaire, — Louis-Thomas Massieux, barbier, à Wy, — René-Josse Bradel, jardinier, — un instituteur primaire, — M. Louis Guillery, journalier, — un garde-champêtre, —MM. Denise, carrier, —Berquier, épicier, à Cléry, —Martin Denise et sa femme, — François Guillain, chevalier de la Légion-d'Honneur et garde particulier, — Louis-Ambroise Truffaut, marchand de vin, — Auffray, curé de Montreuil, — Cancel, vicaire, à Magny, — Prévost, propriétaire, à Mantes, — Métivier, curé de Maudétour, — Pierre Gruo, meunier, — Jean-Robert Duvivier, propriétaire, — Claude-Ferdinand Bellanger, cultivateur, — François Landrin, journalier, — Jacques Bellanger, cordonnier, —François Rayer, cultivateur, —quatre anonymes, —mesdames de la Gautraye, née Bessières de la Jonquière, — Victorine Chevassu, cuisinière, — Pélagie Denise, — veuve Henriette Pied, — M. Vacherot, — mesdemoiselles Pauline Denise, —Ludovicque Leleu, — madame Denise, marchande de vin, —madame veuve Sémelet, à Magny, — Bidault Doutreleau, propriétaire, à Mantes.

SEINE-INFÉRIEURE : ROUEN. — MM. Leboullenger, au mont Saint-Aignan, — Boucherot (de Saint-Jouin), — mademoiselle Pinel, —MM. le chevalier de Bourbelles-Montpinçon, vétéran de l'armée d'Egypte, ancien colonel de cuirassiers, — Couaillet, épicier, — Haulon, négociant, — mademoiselle Agnès Creton, domestique, — MM. Lequesne, — N. Prével, négociant, Malfilâtre aîné, négociant, — Auguste de Caze, — le Cercle de Saint-Louis, — le comte François Odoard, chevalier de Saint-Louis, volontaire dans la cavalerie noble de l'armée de Condé, — le chevalier Odoard, chevalier de Saint-Louis, ancien volontaire dans la cavalerie noble de l'armée de Condé, ancien député, — l'abbé ***, — Escande, volontaire royal de 1815, ex-sous-officier au 2ᵉ régiment de la garde royale, — Vimard aîné, négociant, — Brière, sous-diacre, à Saint-Romain, — mademoiselle Olivier, ouvrière en dentelle, — MM. le comte de Neuville, ex-capitaine aux hussards de la garde royale, — Daché, cordonnier, — mademoiselle Émilie Masson, domestique, — MM. de Sainte-Marie Grouet, ancien garde-du-corps du roi, compagnie de Croï, — C***, marchand de charbon, —Pierre Devaux, marchand de légumes, —Pierre Dumesnil, garçon charbonnier, soldat de l'empire, — madame D.

de B...., indignée qu'on ait accusé un Condé de s'être suicidé, — MM. Marmion, — Gasnier, tailleur, — A. de la Rousserie, — Delaître, — Pellerin, volontaire au 1ᵉʳ bataillon de l'Orne, en 1792, soldat de Jemmapes et de Fleurus, — mesdemoiselles Augustine Boucherot, — Désirée Masson, domestique, — M. Lozingo, cordonnier, — un anonyme par position, — MM. Chrétien, couvreur, — Auvray, serrurier, — madame Vaillant, marchande de souliers (2ᵉ souscription), — M. Charles Dufour, marchand forain, — madame Le Parc, — mesdemoiselles Julie Mézières, femme de chambre, — Victoire Ramier, — madame veuve Fécand, journalière, — MM. Louis Muret, — Jean Leleu père, d'Étretat, — Jean Leleu fils, id.—Jacques Leleu, id.—Martin Le Canu, id. — deux anonymes.

DEUX-SÈVRES : NIORT. — MM. Puydanché, chevalier de Saint-Louis, — Beaulieu père, — Rimbault, — de Ligny, chevalier de Saint-Louis, — comte Adolphe de Brémond, ancien officier de la garde royale, — vicomte Arthur de Brémond, — le docteur Assegond, — de Puydanché fils, — Frédéric de Chantreau, chevalier de la Légion-d'Honneur, — Frédéric de Savignac, — de Parsay, — de Jourdain, — A. de Piolant, — Henri Delafossé, — de Savignac de Montamy, — Eugène de Grimouard, — le comte Ferrand, — Bernard Lacquéray, — Em. de Grimouard, — Beaulieu fils.

SOMME : AMIENS. — Alexandre Reniame, colporteur, — mademoiselle Alexandrine Reniame, couturière, — MM. Lecaron, chevalier de Choqueuse, chevalier de Saint-Louis,—Victor de Franqueville,—de Franqueville, ancien officier de la garde royale, — madame Édouard de Rouvroy, — MM. Eugène Yvert, rédacteur de *la Gazette de Picardie*, — Henri et Louis Yvert, — Cornet d'Incourt, — Lucas Boulanger, — mesdames d'Incourt, — la comtesse d'Auberville, — MM. Darras Pillon, — le comte de Frausures, ancien officier aux cuirassiers de Condé,—E. Bauduin, directeur, à Amiens, de la compagnie d'assurances *la Providence*, — le vicomte Blin de Bourdon, — Julien de Thimlloy, — le comte du Passage, chevalier de Saint-Louis, ancien condéen, — d'Argoeuvres, — Dauzet, frères, — de Valicourt, chevalier de Saint-Louis, ancien condéen, — d'Haudicourt, — de Lagréné, chevalier de Saint-Louis, — de Lagréné du Chaussoy, — le comte de Fercourt Créqui, ancien volontaire des dragons de Fargues, à l'armée de Condé,— de Gresset, aîné,—C....., —un volontaire royal du 20 mars 1815,—MM. Baffet de Lamotte, chevalier de Saint-Louis et ancien volontaire de l'armée de Condé, — Jules Yvert, ex-adjudant au 17ᵉ léger, — le chevalier d'Anvin de Hardenthun, ancien garde-du-corps de S. M. CHARLES X, compagnie Luxembourg, — de Sallabery, — Pierre de Staplandé, — Bernard, receveur de rentes, ancien officier de la maison militaire de S. M. Louis XVIII, roi légitime de France et de Navarre, — un anonyme, — M. Martial de Guillebon, chevalier de Saint-Louis, chasseur noble de l'armée de Condé, n° 4, ancien garde-du-corps du roi, chef d'escadron,—madame la comtesse de Vigneral, née de Lupel, — M. le comte de Vigneral, — un abonné de la MODE.

TARN : RABASTENS.— MM. le comte d'Armagnac, chevalier de Saint-Louis, ancien soldat de Condé, — le vicomte de Preissac, — Ismaël de Falguière, chevalier de Saint-Louis, ancien soldat de Condé, — le comte de la Vallière, — Philippe de Toulza, — quatre anonymes.

TARN-ET-GARONNE : MONTAUBAN. — MM. Jules d'Ablanc de Labouysse, petit-fils d'un officier mort dans les armées de Condé,— mesdemoiselles Léontine d'Ablanc de Labouysse, petite-fille d'un condéen,— Caroline de Parazols, — MM. le comte de Parazols, — Pontier, curé de Tissac, soldat de l'empire, — Augeac, curé de Saint-Christophe, — Anglas, curé de Moncalvignac, — Capin, curé de Martissan, — Brel, curé de Mauzac, — Luga, curé de Sainte-Thècle, soldat de l'empire, — Thimothée-Sylvain Mendès, soldat de don Miguel, — un anonyme qui recherche les chambres sans espagnolette, — MM. Badoc, vieux piqueur, — Valade, prêtre, — Debous, prêtre, — Jean-Baptiste Blanc, légitimiste de la vieille roche, — Fontanié, prêtre, — Léon Constant, — Lamothe Cadet, — Marcelin aîné, confiseur,— André Boislong, épicier, — Hinard Bouys, tapissier, — Delsol, — Maury, pharmacien, à la Française, — Blanc, distillateur, —Faure Lagravère, —Borel Pibrac, —Suau, chaudronnier, — Fenié, marchand de plâtre, — Saint-Jean, chapelier, — Jacques Débia, fabricant, — Depois Félix, — Ressejac, curé de Vazerac, — de Boissières, ex-adjudant des gardes-du-corps.

VAR : HYÈRES. — MM. Alphonse de Boutiny, — Auguste de Beauregard, — Roujoux, — Frédéric et Aimé Rey, — Jacques Arnon, — Alphonse de Beauregard, — Alphonse Couture, — César de Sellac, — Clapier, — de Boutiny, — Maissonnier, — Adrien de Boutiny, — Dalloz, — Ambroise Valekran, — le docteur Brunel, — madame de Gaillard, — MM. Charles Ruyter, — Saintamou, — Rebufat, — Louis Barbaroux, — Etienne Meifret, — Toucas, ancien garde, — Casimir et Hippolyte Toucas, — deux anonymes.

VIENNE : CHATELLERAULT. — MM. le comte de la Bouëre, — de Vezien de Champagne, — Léveillé, — Henri, — Descuns, — Larcher, — P...., — A. de Creusé, — cinq anonymes.

HAUTE-VIENNE : LIMOGES. — MM. le colonel de Merlis, deuxième souscription,— le comte des Montiers-Mérinville, —le colonel des Etangs, — mademoiselle Marthe de Bonneval, fille de M. le marquis de Bonne-

val, ancien aide-de-camp de S. A. R. LE DUC DE BOURBON,— madame de
Veyrinas, fille, femme et sœur de condéens, — M. le vicomte Arthur de
la Guéronnière, — mesdames de Brie, — la vicomtesse de Brémont, —
mademoiselle Athénaïs de Brémont, — M. du Chatenet, chevalier de
Saint-Louis,— madame du Chatenet, — MM. le chevalier de James, chef
d'escadron en retraite, — Henri de Gouttepagnon, — le duc de Rohan-
Soubise et Ventadour, parent de l'illustre victime, — Ernest de Veyrinas.

VOSGES : REMIREMONT. — Mesdames de Valentin de la Tour, à Châtel, — Gaudel de Nomexy, à Châtel, — veuve Dumont, à Châtel, —
MM. Charles de Valentin de la Tour, à Châtel, — de Thiériet, ancien
condéen, — de Bruyère qui, à l'âge de dix ans, était un des deux petits
hussards de la princesse de Condé, lorsqu'elle était abbesse du chapitre
de Remiremont, décédée depuis au Temple à Paris.

CORRESPONDANS DANS LES DÉPARTEMENS.

Agen,	M. de Lalis, directeur du *Mémorial Agenais*.
Alençon,	MM. A. de Villers. — le chevalier de Blinière.
Amiens,	M. Yvert, directeur de *la Gazette de Picardie*.
Angers,	MM. le comte de Boissard. — de la Patrière.
Arras,	M. Coulon Savarry.
Auch,	M. Théophile de Marignan.
Auray,	MM. le comte de Robien. — Guyot, notaire.
Avignon,	MM. le comte d'Averton. — le vicomte de Salvador.
Besançon,	M. le vicomte Chiflet.
Blois,	M. le chevalier Le Blanc.
Bordeaux,	M. Dupuis, directeur de *la Guienne*.
Brest,	Mademoiselle Angélique Smidt.
Cahors,	M. le comte d'Armagnac.
Cambrai,	M. H. Carion, directeur de *l'Emancipation*.
Carcassonne,	M. Capelet-Callat, ancien administrateur.
Châlons-sur-Saône,	Madame la marquise de Digoine.
Chantilly-Condé,	M. Ferdinand Barbet.
Charolles,	M. Désautels.
Châtellerault,	M. de Vezien de Champagne.
Clermont-Ferrand,	M. le directeur de *la Gazette d'Auvergne*.
Crémieu,	M. Oct. de Quinsonas.
Dijon,	MM. le chevalier de Percey. — de Montillet.
Dinan,	M. de la Guichardière.
Dôle,	M. Xavier Matherot.
Douai,	M. de Marne, avocat.
Estaires,	Mesdemoiselles Cattoir sœurs. — M. Ledieu.
Evreux,	M. le chevalier de Tournemine.
Grenoble,	M. Ducoin, directeur de *la Gazette du Dauphiné*.
Guingamp,	M. de Kermartin.
Hyères,	M. Alph. de Boutiny.
Langres,	MM. de Chambrulard. — Lefebvre, avocat.
Lille,	MM. Victor de Carrière, directeur de *la Gazette de Flandre et d'Artois*. — de Vogelsang.
Limoges,	MM. le vicomte de la Guéronnière. — le colonel A. de Merlis.
Metz,	M. A. du Raget.
Montfort-sur-Risle,	M. Guénier.
Montpellier,	M. Grenier, avocat.
Morlaix,	M. de Ploëuc.
Moulins (Allier),	Madame la comtesse de Dormy.
Mouveaux (Nord),	Madame Bayard, née de Vitte, nourrice de HENRI DE FRANCE.
Nancy,	M. le comte Ed. de Landreville.
Nantes,	MM. le comte Charles de Kersabiec, directeur de *l'Hermine*. — le chevalier Duris.
Niort,	MM. de Brémont. — de Pagès.
Omécourt (Oise),	M. le marquis d'Espiés.
Orléans,	M. le marquis de Saint-Mauris, directeur de *l'Orléanais*.
Perpignan,	M. Dulçat, avocat.
Rouen,	M. Th. Muret.
Saint-Jean-d'Angély,	M. A. Lair.
Saint-Germé (Gers),	Mademoiselle de Cormeillau.
Salins,	M. de Bommarchant.
Stenay,	M. le comte Dessöffy Cserneck.
Toulouse,	M. Donnassans, directeur de *la Gazette du Bas-Languedoc*.
Valence,	M. de Lambert.
Vannes,	MM. de Quénichquivillic, avocat. — Lemarestier.
Vendôme,	M. le comte de Geoffre, ancien capitaine.
Vigan (le),	M. Guischard de la Limière.
Vire,	M. de Banville du Rosel.

www.ingramcontent.com/pod-product-compliance
Lightning Source LLC
Chambersburg PA
CBHW052043270326
41931CB00012B/2608